言霊の法則

言葉の選び方ひとつで人生が変わる

謝　世輝

JN266079

サンマーク文庫

文庫版まえがき

熱意と信念の入った言葉は驚くべき威力を発揮するものである。「自分には信念が不足している」というかもしれない。しかし、単なる熱意のある言葉でもかなりの効果を現していくものである。

言葉とは想念が結晶したものである。言葉に出さなくとも、強い想念はそれなりの効果があるのである。強い想念をしっかりした言葉にすることによって、より有効になることはもちろんである。

しかし、数回（あるいは短期間）で終わる想念や言葉は、その効力が限定されている。目標を達成するためには、めざすことに対する有効な想念と言葉を繰り返していかなければならない。そうすれば、一見至難と思われていた目標でも達成できるのである。宇宙にはそのような法則が存在する。

この不可思議な法則をわかりやすく説明し、有効なる想念と言葉の反復によって、読者の人生を大きく変えようとするのが本書のねらいである。

本書には私の人生体験の一部分も記述した。私の人生は不可能を可能にしていく闘いの連続であった。願望は持続する強い想念（と努力）によって、次々に実現していくことを示すためである。これによって読者は、「当初険しく見えても、強い想念によって、願望は必ず達成できる」ことを納得できるであろう。

そのほかにも、言霊の駆使によって念願をかなえさせるために、種々の角度から説明をなし、また実践方法についても記述した。本書はあなたの人生を大きく変えるのに役立つであろう。

本書は四年前にサンマーク出版から発行され、このたび同社から文庫版として世に出ることになった。本書がより多くの人たちのお役に立てれば幸いである。

謝　世輝

二〇〇一年九月

はじめに

毎日の生活のなかで、「なんとなくうまくいきそうだ」と思ったことが、実際そのとおりにうまくいくかと思えば、「これは、うまくいかないのではないか」と思っていると、案の定、見事に失敗したりすることがある。

仕事で「これは絶対成功させてやる」と思ったり、口に出していっているとうまくいくことが多いし、恋愛でも、心のどこかで「フラれるんじゃないか」と不安を抱えていると、その不安が的中したりするものである。

つまり、心のなかで思ったり、実際に口に出したりしたことが実現してしまう。そういうことを私たちはしばしば経験する。

これは、実は昔からよくいわれてきたことである。

日本には「言霊《ことだま》」という思想がある。言葉にはある種のパワーが宿っていて、口に出していうとそれが実現してしまうというものだ。『万葉集』でも日本のことを「言霊の幸《さきは》ふ国」という表現で歌っている。

この「言霊」が本書のテーマである。

言霊のパワーをうまく使いこなすことによって、あなたを成功に導き、人生をより豊かにすることができるのだ。

では、なぜこのようなことがいえるのか。

それを解くカギは、深層心理学の分野で有名なフロイトやユングの理論にある。

フロイトは人間の持つ「潜在意識」の存在を世に知らしめた。

人間にはいつも働かせている五感などの表層意識の奥に、「潜在意識」があり、ふだんは意識にのぼってこない潜在意識はその人の心の八十パーセントを占めている。つまり、人間は意識して動かすことのできない「もうひとりの自分」に行動をコントロールされているといえるのだ。

ユングはこの理論を発展させ、潜在意識のさらに奥に、全人類に共通の意識である「集合的無意識」があると発表したのである。そこには、宇宙のすべての情報が詰まっているというのである。

私は、これを「宇宙の心」と呼んでいるが、ここに、想いを実現するパワーが潜んでいるのである。すなわち、「宇宙の心」を動かすことができれば、願望は実現し、成功を手に入れることができるのだ。

このパワーを目覚めさせるのには、特別な合鍵が必要である。

その合鍵、それこそが「言霊」なのである。

発音された言葉は、耳や目、口を通して、我々の潜在意識に働きかける。ふだん無意識に使っている言葉を意識してプラスのものに転じ、さらに信念を込めることで、ただの「言葉」を、想いを実現する強力なパワーを持った「言霊」に変えることができるのだ。

いままでの成功者はみなこの「言霊の法則」を知っていた。さらに、私自身のいままでの経験からも、それは断言できるのである。

私は台湾から戦後では留学生の第一号として日本にやってきて、名古屋大学で素粒子の研究から博士号を取得した。その後、期するところがあり、十年余の苦しい過程を経て世界史専攻に転換し、目下新しい世界史観を構築し発表している。

このように私は人とはかなりちがう道を歩んできたので、いままでの半生で幾度となくピンチに見舞われた。しかし、そのたびに常識では考えられない出来事、奇蹟としかいいようのない出来事が次々に起きたのである。そこにはやはり「言霊の法則」が働いていた。

本書ではこのような私の経歴も第3章にまとめてみた。百冊を超える私のいままでの著書では断片的にしかとりあつかってこなかった話ばかりである。奇蹟の連続だった私の半生は、本書のテーマを実証するよい例だと思ったからである。

本書を読み終える頃、みなさんは言葉の持つ威力に驚くとともに、この世に偶然はないということを実感されるだろう。

そして「言霊の法則」を駆使して、より豊かな実りある人生を創造していくことを切に願う。

謝　世輝

●目次●

言霊の法則　言葉の選び方ひとつで人生が変わる

プロローグ　願望をかなえるカギは言霊にある

第1章 想念が実現するのはなぜか

第2章 この人たちの成功の秘密は何か

第3章 私が成功哲学を語るのはなぜか

意識を変えれば体も若返る――135

第4章 願いを実現する方法とは何か

第5章

装丁■倉田明典
本文デザイン■岩黒永興

プロローグ

願望をかなえるカギは言霊にある

言葉を変えることが成功への第一歩

「成功者と呼ばれる人は、言葉の選び方を知っている」——。

私の尊敬するジョセフ・マーフィーがいった言葉である。

成功者と呼ばれるようになった人の多くは、もちろん、天の時、地の利、人の和といった才能、運、努力、それに何事にも負けない不屈の闘志もあったにちがいないが、一方、その人の成功の原因をまったく別の角度から見ていくと、意外にも彼らの「言葉の使い方」が我々の数百倍、数千倍も上手であった、というのである。

エジソン、ベートーヴェン、野口英世、最近ではビル・ゲイツに孫正義……。

苦しい環境のなかで、ときには世間の反発を受けながら、命懸けの努力の果てにつかんだ彼らの栄光の陰にも、実は、これまで隠されていた「言葉」の力があった——。

その「言葉」の使い方、選び方次第で、我々の人生を豊かにできるのなら、ぜひ彼らの方法を学んでみるべきだろう。そして、それは結局、自分の好きな道をまっすぐに進んでいきたい、人生をよりよく、豊かに生きたいと念願している私たちに、大変有効な方法を示唆してくれるにちがいない。

言葉は、才能や運とはちがって、誰でも平等に持っているものである。別荘をいくつも持っているような財産家でも、毎朝満員電車に揺られて通勤しているサラリーマンでも、同じ言葉を使うことができる。

その言葉の量は、組み合わせ次第では無限だといっていいだろう。その大量の言葉の多くを、私たちは、無意識に使っている。いわば、出しっぱなしの水道の水である。

たしかに、今日一日を振り返っても、朝何をしゃべったのか、どの程度の量の言葉を口から発したのか、正確に思い出すことはできない。

サラリーマンなら、家を出るとき、「行ってきます」といったのか、「今日は遅くなる」といったのか、はっきりしない。会社で取引先からかかってきた電話に、どう答えたのか、もう一度繰り返すことすらできない。ましてや、一日前、二日前にいったことなど、まったく覚えていない。

さらに問題は使っている言葉の質である。

もし、仮に心のなかにカセット・テープがまわっていて、その人が話したことすべてが録音されているとしたら、どうだろう。

録音された中身といえば、ムダ口や、どうでもいい噂話などであふれている。さらには人の悪口、愚痴など、マイナスの言葉だらけなのではないだろうか。そして、こうした記憶にないほどのつまらない言葉の羅列と、無意識に発せられている大量のマイナスの言葉によって、当然のごとく、毎日を過ごす。そういう人はまさに、自分が発した言葉どおり、マイナスに満ちた人生を生きているといっていいのかもしれない。

しかも、無意識に口に出したそれらの言葉が、知らず知らずのうちにその人の心に入り込んで、影響を与えているのだ。

その膨大な量の言葉がプラスのもので占められている人と、マイナスの言葉ばかりの人とを比較したら、いったいどのくらい人生に差が出てくるだろうか。

成功者は言葉の選び方を知っている――というジョセフ・マーフィーの言葉はここにきて、初めて真実味を持ってくるのである。

「意識」が行動を左右し、人生を左右する

では、なぜ「言葉」がその人の人生を左右する力を持っているといえるのだろうか。

それは言葉が「意識」を動かすからである。

誰もが持っている心のなかのカセット・テープ――実は、それが「意識」である。その

カセット・テープには、その人が何の気なしに口にした言葉すべてが録音され、それがその人の人格や行動を形づくっていくのである。

なんとなく「これはうまくいきそうだ」と思ったものはうまくいき、「これはダメそうだ」と思うと、最初のうちはうまくいっていても、やはりダメになってしまう——。それらを左右しているのは、意識である。

「意識」が行動を左右する威力は絶大である。

仕事でも、取引相手の感触、雰囲気などから「これはうまくいく」と思っているとなんとかうまく収まるものであるし、恋愛をしていて現状はうまくいっているのに、「フラれたらどうしよう」といらぬ心配をしてしまうと、結局はうまくいかなくなることがある。

たとえばゴルフをやっていて、グリーン脇の深いバンカーに目がいき、どこか心の隅に、「そっちに行ったら大変だ」と思ったときは、見事にそのバンカーに入ったりするという経験のある方も多いと思う。

スキーでも同じことで、「右に曲がらないように」と願えば願うほど、右に曲がっていってしまうものだ。

詳しくは後述するが、簡単にいってしまえば「うまくいきそうだ」という意識が、体に反応してボールをまっすぐに飛ばすことに成功させるし、「この仕事はうまくいくぞ」という意識が、自己に対する自信や信頼につながり、大仕事を成功に導くのである。

また、反対に「右に曲がったら大変だ」という意識がスキーを右に曲げるし、「フラれたらどうしよう」という意識が、ふたりの間にトラブルを生んだりする。

ということは、どちらもその人の意識のとおりになっているのである。

そう考えてみると、意識がその人の現実をつくり出しているともいえる。言葉を換えれば「意識はその人の運転手」なのである。

人類すべてに共通する「宇宙の心」が存在する

意識が現実をつくっている――このことを説明するには、二十世紀初頭に活躍した心理学者のフロイトが説いた、ある説が必要である。フロイトはノイローゼの治療法として「精神分析」という新たな分野を開拓した。その業績はアインシュタイン、マルクスと並び称されるほどである。

それによって広く知られるようになったのが、「潜在意識」の存在である。

フロイトによれば、人間の心のなかには、いわゆる五感という言葉でいい表せる表層意識と、無意識と一般にいわれている潜在意識のふたつの層があり、その割合は二対八である。つまり、私たちが一般に「意識」といっているものは、氷山の一角にすぎず、その水面下には、全体の八割にも及ぶ潜在意識が隠れている。したがって人間は理性（思う心）や知覚（知る心）よりも、実は本能や習慣、さらにはまったく我々が気がつかない深層心理によって、動かされているというのである。

もっとわかりやすくいうならば、心というものはそのほとんどが、自分ではコントロールできないということである。それゆえに潜在意識は「第二の本能」ともいわれている。たとえば、「タバコがやめられない」と嘆く人も、実は喫煙という習慣が潜在意識を支配しているためである。翌日つらくなるのがわかっていても、つい酒を飲んでしまうなどというのも、同様に潜在意識の働きによるものである。つまり、「わかっちゃいるけどやめられない」といった類いのことが潜在意識のなせる業なのである。

さらに、心から信じることによって、潜在意識に入り込んだ思いは、我々を死に至らしめたり、不治の病を治したりすることもありうる。

実際、かつてアフリカのシュバイツアーの病院でこんな話があった。

当時、現地の人々の間では「バナナを食べると死ぬ」という迷信が信じられていた。そんな折、ある人が病院食を食べたあと、「さっきの食事のなかにバナナが入っていたよ」

と人づてに聞いたため、翌日死んでしまったという。

　また、私の友人の話だが、高校時代にマラリアにかかり、発作的な発熱を繰り返していたとき、彼は冷水浴をすることによって熱を下げ、マラリアをたちまち治してしまった。ところが、それを聞いた医者は大きな声で「マラリアにかかったら、水にふれてはいけない。冷水浴などもってのほかだ」と怒鳴ったという。それでも、実際にマラリアは治ったのである。

　このように、私たちがまったく気がつかないところで、潜在意識は絶えず私たちをコントロールし、人生を左右しており、潜在意識を動かすことができれば、信じられないようなことも起こるのである。

　鎌倉時代の名僧道元《どうげん》は、こうした人間のなかの潜在意識の存在を訴え、たとえ泥棒でもいつも念じていれば、悪事も成就するという意味のことをいっている。潜在意識は、悪事すらも可能にするのである。

　その潜在意識の話を、さらに深めたのが、ユングである。

　ユングは、多くの人の夢を分析した結果、潜在意識のさらに奥に全人類に共通な潜在意識があり、あらゆる人の意識はそこにつながっていると結論づけた。つまり、個人の潜在意識は大海に浮かぶあぶくのようなものだといったのである。

ユングはこれを「集合的無意識」と呼んだ。

しかし、「集合的無意識」と書くと、いかにも学術書のように堅苦しくなるので、私はそれを、ここでは「宇宙の心」といっておく。

さて、なぜ私がこの「宇宙の心」を問題にするかというと、この「宇宙の心」にこそ、自分自身が思ったことを実現し、切なる願いをかなえる、素晴らしいパワーが潜んでいるからである。私たちがその「宇宙の心」によい種をまくことによって、人生において実りの収穫を迎えることもできるのである。

たとえば、古代インドの僧バスバンドゥ（世親《せしん》）は、人間の意識には「八識」という八つの層があり、八番目の「阿頼耶識《あらやしき》」がすべての源であり、生命の根源であるといっている。この阿頼耶というのは、サンスクリット語で「蔵」という意味があり、世界最大の山脈であるヒマラヤという言葉は、ここから派生している（ヒは「実に」という意味）。

つまり、この阿頼耶という意識の層ですべてが生まれ、それが現実となって現れているにすぎないのだから、現実世界も夢と同じように、意識がつくり上げたものだというのだ。この「阿頼耶識」というのが、私のいう「宇宙の心」に相当するものであろう。つまり「宇宙の心」には、現実界で起こることの原形のようなものができているのだ。

我々がその大きな力に気づき、そのパワーを活用するのとしないのとでは、同じ人生にも大きな差が出てくるというものである。

この発想の転換ですべてが好転する

「宇宙の心」について考えをめぐらすと、こういうこともいえる。

もし、ある人が仕事に失敗ばかりしていたとしたら、当然、その人は落ち込み、気持ちが沈み、仕事に対する情熱もわいてこないだけでなく、人生そのものまで捨ててしまいたくなるだろう。

「どうせ、俺なんか、何をやったってダメなんだ」

彼は、自分のふがいなさに愛想がつき、自己不信に陥るかもしれない。

また、女性でも、恋愛や結婚に何度も失敗して傷ついたりすると、もう恋愛をする勇気もなくなり、すべてに投げやりになってしまう。

ところが、私からいえば、その人たちは決してダメ人間ではない。それどころか、彼らは失敗するということに関しては、見事に「成功者」なのである。「失敗するだろう」と人から思われて、そのとおり失敗するし、自分でも「また失敗するにちがいない」と思ったとおりのことを実現してしまうのだから、失敗に関して、まさに天才なのかもしれない。

つまり、その人たちは「失敗する」と思って、実際に、その意識のままを実現しているのだから、実は、大変に素晴らしいパワーを持っているといえるのだ。いい方を換えれば、思ったことを実現する超能力の持ち主だといっていいかもしれない。

なぜ、私がそこまでいいきれるか、よく考えてみよう。

たとえば、あなたが「失敗する」と思って、やはり思ったとおりに失敗したとする。では思ったことを実現したそのパワーはどこから生まれてきたかといえば、元は、「失敗する」と思ったあなたの意識にあった。その思いが「宇宙の心」に届いたのである。

ということは、あなたは意識を使って、「宇宙の心」を動かし、思いのとおりにさせる強力なパワーを引き出したということではないのか。

逆にいえば、もし、あなたがそのパワーを使って「この仕事はきっとうまくいく」と信じれば、うまくいくのではないか。「この恋は絶対に実る」と確信を持てば、素晴らしい恋に結実するのではないだろうか。

あなたのなかに、それだけのパワーがあるのだ。

そうだとしたら、自分自身が思ったとおりのことを、確実に実現するだけのパワーを持っていることにあなたが気づき、また、いままでは失敗を実現してきたのだと気づいたら、同じだけのパワーを、今度は成功のほうに振り分ければいいだけの話だ。

つまり、「宇宙の心」を知れば、発想の転換で、すべてが好転するのだ。

世界の初めに「ことば」があった

さて、『聖書』のなかのヨハネによる福音書第一章の冒頭の言葉はこういうものである。

「初めにことばがあった。ことばは神と共にあった。ことばは神であった。すべてのものはこれによって出来た」

これはいったいどういう意味なのだろうか。

この「ことば」というのは、私たちが使っている「言葉」とは、どうも深さや重みがちがうようだ。なにしろ、「ことば」は神であり、すべてのものはこれによってできたというのだ。そうすると、ここでいう「ことば」は万物の生命そのものだと推察できる。

そう考えると、この「ことば」は「宇宙の心」のことをいっているのではないか。

「宇宙の心」からすべてのものが生まれてくることはすでに述べた。すると、私たちがふだん使っている「言葉」にも、万物を生み出すパワーが込められているとはいえないだろうか。

つまり、いい方を換えると、「ことば」という大木があり、そこから枝が大きく張り出し、その枝に「葉」が茂っている。その葉が私たちが日常使っている「言葉」なのだといったらわかりやすいかもしれない。

実際、『万葉集』にも、「そらみつ大和の国は皇神《すめがみ》の厳《いつく》しき国言霊の幸《さきは》ふ国と語り継ぎ、言い継がひけり」と書かれているように、日本には古来「言霊」という「言葉自体に力があり、その使い方によって幸福になれる」という思想が、もともと存在していたのである。

ところが、先に述べたように、私たちは大量の言葉を持ちながら、それをただ毎日好きなように垂れ流し、まったく無意識のうちに使っている。

だとしたら、私たちが日常使っている言葉を、意識してプラスに転じていくことによって、その言葉がパワーを持ち、「宇宙の心」を通して願望を実現することも可能だということである。

それが、「言霊」だといわれるゆえんである。

この言霊の威力に目覚め、活用すれば、あなたの人生を変えることも決して不可能ではない。

日頃の言葉の使い方が人生を決める

さて、私たちは、人からいわれた言葉からも、多分に影響を受けているということもいえる。

たとえば、私たちは振り返ってみると、子供のときに、親から多くの量の言葉をまるでドッジボールのようにしてぶつけられている。

「勉強しなさい！　本当に、ダメな子だ」

「お前は何をやってもダメだねえ」

このように、「ダメな子だ」といわれつづけた子と、そうでない子とでは、その子の将来がちがってくることは確かのようだ。

実際、生まれたとき「男がほしかったのに、また女か」といわれた子が大きくなって、誕生時の記憶などないはずなのに、その言葉が一生の重荷になり、暗い人生を歩いてきたという人がいた。それだけ、彼女にとっては「なんだ、また女か」といわれた言葉がショックだったのである。

エジソンのように、小さい頃まわりの人たちに、いつもダメな子といわれつづけながらも、人のために生きる立派な人間になった人もいるが、そういう人たちは大変な努力の末、そこまでの人間になったのである。

ところが普通の子は、自分の親をはじめ、周囲に「ダメな子だ」と烙印《らくいん》を押されたら、「どうせ、自分はダメな子だ」と思ってしまうだろう。

私のこれまでの経験では、この「どうせ……」という言葉は決してプラスの方向に働かない。「どうせ……」と思ったときから、何をやるにしても投げやりになりがちである。そしてその子の人生は、一生マイナスの方向へと進んでしまう。

言葉の威力はそれほど大きいのである。

なぜなら、「宇宙の心」に影響を与えるのが、言葉だからである。

だから、「絶対に負けない。やるんだ。やってみせる」という言葉をいつも自分にいいつづけていれば、それが同じように宇宙の心にインプットされ、どんな困難なときでも援助する人が現れたり、必要な情報が集まったりして、仕事がうまくいくのである。

「言葉」というものには、そういう力が存在するのである。発音された言葉は、自分の耳にはね返って、潜在意識から宇宙の心に影響する。その人の運命さえも、変えてしまうのだ。

つまり、その言葉の使い方によって、人生がプラスの方向に向かうか、マイナスの方向に向かうかまで、決まってしまうというわけだ。

言葉に信念を込めて「言霊」をつくれ！

それでは、私たちが毎日の生活のなかであふれんばかりに使っている言葉を、どうしたら、「宇宙の心」に影響を与えることができるような、強力なパワーを持った「言霊」に変えられるのか。

私たちが無意識に多量に発している言葉のどのひとつをとっても、「言霊」にはなっていない。それは、その言葉に信念がこもっていないからである。

たとえば受験生が心のなかで、落ちたら来年があるさ、と思いつつ「いい大学に入りたいなあ……」と何度口に出しても、ただ口から発しているだけでは、その願いはなかなかかなわない。ところが、今回の受験に失敗したら、もう後がない。そういう受験生が「この大学にゼッタイに合格してみせる！」といったときの言葉には、しばしば本当に信念がこもっているものである。

同じ受験生の願いでありながら、前者の願いはかなわず、後者の願いがかなうとすれば、それは後者の言葉のほうが「想い」がこもっているからである。つまり、その受験生の「言葉」はその瞬間、「言霊」に変化しているのである。

これを野球のボールにたとえてみよう。

たいした球速もない投手のどまん中に投げたボールを、強打者が打てないことがある。私は野球にそんなに詳しくはないが、よく見ていると、その投手は投げるときに心のなかで「エイ！　打てるなら打ってみろ」と叫んでいるように見える。気持ちがボールに乗り移っているのである。そういうボールは、強打者が打っても飛んでいかないのである。

言葉でもまったく同じことがいえるのだ。

ふだんペラペラよくしゃべる男がいう「気持ちがいい愛の告白」より、寡黙な男がポツリというプロポーズのほうが、たとえ愛の深さは同じであっても、いわれる女性にとっては言葉の重さがちがって聞こえる。

ボールに野球の投手の気持ちが乗り移るのと同じように、ふだん寡黙な男のプロポーズの言葉のほうが心がこもるのである。

つまり、「言葉」を「言霊」にするには、自分の想いを込めなければいけない。しかも、その想いが強烈であればあるほど、強い言霊となって、自分の、あるいは相手の潜在意識を刺激し、動かすのである。

成功者はみな、この法則を知っていた

成功者たちのサクセス・ストーリーを読んでみると、こうした原理をすでに知っていたのではないかと思われるほど、みな「言霊」を使って、それぞれの「願い」を成就させている。

たとえば、私がよく持ち出す元アメリカ大統領ジミー・カーターの例など、そのひとつの典型であろう。

一九七四年、当時カーターはアメリカの一州知事でしかなかった。その州知事時代に、彼は日本にやってきて、当時外相だった大平正芳に会おうと試みた。ところが特に約束もなかったので、大平の秘書は断った。州知事レベルの人とは特に会う必要はなかったからである。

カーターは必死で頼み込んだ。その熱意が通じたのか、会談は実現し、その席で大平はカーターから一冊の著書を贈られた。それにはこんなサインがしてあった。

「今度はホワイト・ハウスで会いましょう」

そして一九七六年、カーターはその言葉どおり、合衆国大統領になった。大平も一九七八年、福田首相の後を受け、日本の総理大臣になり、ふたりの日米首脳会議がホワイト・ハウスで実現したのである。

カーターは子供の頃から信仰心があつく、自分の願いはことごとく実現すると信じ込んでいたため、単なる州知事にすぎないときでも、「私は必ず大統領になる」といえたのであるが、それは見方を変えると、自分の願いを信念のこもった言葉にすることで「言霊」に変え、自分の潜在意識を動かし、それを実現したにちがいないのである。

こういう例をあげれば枚挙にいとまがない。

フランスの元大統領ドゴールは、子供の頃から「自分はフランスを救う英雄だ」といっていて、高いところから落ちて父親が心配しても、「未来の英雄はこんなことではケガをしない」といったという。ピカソもまだ芽の出ないときから、日記に自分のことを「天才」と書き、「天才の今日の食事は……」などと毎日書いていたといわれる。

日本でも、竹下登元首相は、一九六〇年に議員に初当選したときに、応援してくれた人たちの前で、大蔵大臣になる時期、自民党の幹事長になる時期、そして首相になる時期を明言していたという。結局、時期は予想より少し遅れたが、実際、その言葉どおり、首相に上りつめたのだ。

また、最近の若い人の例では、音楽プロデューサーとして超売れっ子になった小室哲哉が大学生の頃から「自分は世界で認められるミュージシャンになる」ということを、まわりの人たちにいっていたというし、ゴルフのタイガー・ウッズもまた、マスターズが白人だけの特殊な大会であることを八歳のときに知り、その閉鎖性が彼の闘争心をあおり、「絶対に、マスターズで優勝してみせる」と子供のときに断言したという。

このように、古今東西多くの成功者たちには、自分の夢を、信念を込めた言葉にして、繰り返し自分自身にいい聞かせてきたという共通点があるのだ。

いい換えれば、単なる願いの言葉を、信念を込めることによって「言霊」に変え、時間をかけて、さらに想いを強めて、夢をかなえるパワーに変えたのだ。

人間の持つ無限の可能性を引き出せ

これまで説明してきたように言葉の持つ霊的な力をわがものにし、「言葉こそ、自分の人生を勝利に導く最良の武器である」と明治、大正、昭和という激動の時代を縦横無尽に駆け抜けた、ひとりの日本人がいた。

それが、ここ数年、話題になっている中村天風《てんぷう》（一八七六〜一九六八年）である。

天風は肺結核を患って、死の淵まで行き、ヒマラヤのカリアッパ師のもとでヨーガを修行し、死病を自分の力によって、完全に克服した人である。彼は、ヒマラヤで体得した瞑《めい》想《そう》法をはじめ、数々の意識改革の方法論を生み出した。いまでもその思想に、心を揺さぶられる人は多い。

その天風のいいたかったことのひとつが「言霊」であった。

「すなわち言葉は人生を左右する力があるからである。この自覚こそ、人生を勝利に導く最良の武器である。われらはこの尊い人生の武器を巧みに運用し応用して、自己の運命や健康を守る戦いに颯爽《さっそう》として、希望に満ちた旗を翻しつつ、勇敢に人生の難路を押し進んでいかなければならない」

「私は今後かりそめにも、我が舌に悪を語らせまい。否、一々我が言葉に注意しよう。（中略）終始、楽観と歓喜と、輝く希望と溌剌《はつらつ》たる勇気と、平和に満ちた言葉でのみ活きよう。そして、宇宙霊の有する無限の力を我が生命に受け入れて、その無限の力で自分の人生を建設しよう」（中村天風『運命を拓く』講談社）

まさに天風は、唱える言葉の威力をよく知っていたのである。言葉の持つ力を最大限に引き出し、人生に役立てる方法論を多くの人に説いた。

天風には、こんな不思議な逸話が残っている。

ある人がいまの金で五百億円という莫大《ばくだい》な借金を抱え、まったく途方に暮れ、天風を訪ねた。天風は特に驚いたふうもなく、その人にいった。

「私が頼んでおいたから、今日から神様があなたの商売を始めると思う。だから、あなたは主人ではなく、番頭のつもりで主人の下で働きなさい。必ずうまくいきますから、まずそれを信じなさい」と。

その人はその言葉を信じて再び一からやり直し、何年かののちに、五百億と七千万円ほどの利益を出したという。借金を返して、ちょっぴり余裕ができた。全部返してゼロとなってしまっては、次の仕事がたちゆかないから、もう一度立て直すための資金分だけ、神様は儲《もう》けさせてくれたというのだ。

これは、私たちの常識では考えにくい。しかし、天風は人間の背後には、無限の能力が隠されていることを知っていたし、借金をした人が、ひたすらその無限の能力を信じ、粉骨砕身の努力を惜しまなかったために、莫大な借金を返すことができたのである。

普通の人であれば、これだけの莫大な借金を背負ったら、その段階で「もうダメだ」とあきらめてしまっても当然だ。その「もう……」という言葉で、潜在意識はマイナスのほうに働いてしまう。ところが、「必ずうまくいく」とプラス思考で強く信じたことによって、奇蹟が生まれたのである。

人間は無限の可能性を持っている。その可能性を引き出すキーワードのひとつが、「言霊」というわけである。

では、次章からじっくりと「言霊の法則」について述べていこう。にわかには信じられないと思われる話も出てくるだろうが、言霊の仕組みを理解すれば不思議でも何でもないことに気がつくはずだ。

第1章

想念が実現するのはなぜか

いま「見えない世界」が注目されているわけ

近代合理主義は、理性万能であり、すべて理性で解決できるとされてきた。したがって科学的に解明できない不思議な現象は、すべて迷信、妄想の類いとされてきた。

それは現代医学を見ればわかる。まるで人間の体のすべてを、機械のように細分化し、部品を直すだけで人間を支配できるかのごとく考えられてきた。

だが、しだいに人々は、そうした理性万能主義に疑問を持つようになってきた。

なぜなら、科学ではどうしても解明できない現象が起こったり、現代医学では絶対治らないといわれた病気が、東洋医学や医学的根拠のないとされる民間療法によって治ってしまったりすることによって、人々は必ずしも科学が万能ではないということに気がついたからである。

一九七三年から起こったオカルト・ブームは一九八〇年代頃から盛んになり、スプーンを曲げたり、動いていた時計を瞬間的に止めたりすることに、人々は狂喜した。こういった「超能力ブーム」が昂じて、手品まがいのものから、本当に神秘的なものまで、あらゆるものが目の前に現れてきた。

心霊写真、さらには占いブームにまでつながり、インチキまがいのものも含め、まさに玉石混交といった感じで氾濫《はんらん》しはじめた。一方では、そうしたブームを利用した新興宗教も多数生まれてきた。

さらに一九九〇年頃から、サイババのブームが起こり、空中から物を取り出したり聖なる灰によって病気が治るということで、日本でもテレビで放映され、また現地では朝から何百人という人々が並ぶということも起こった。

身近な例では「気功」なども、流行した。人間の体のなかに、宇宙からのエネルギーを与えることによって、体に変化が及び、それによって病気が治ったりする。ヨーガも同様で、体に七つあるチャクラ（人体の霊的エネルギーの中枢となる部位）を通して、大宇宙からのメッセージを受け取ることによって、瞑想《めいそう》状態に入る。これもまたブームを巻き起こした。

こうした流れのなかで、人々は、科学だけでは説明できないものが世の中には多くあることに気がつき、その「目に見えない部分」に興味を持ちはじめた。

人々は世の中の現象のすべてが科学万能ではないことを悟り、見えない世界に関心を持ちはじめ、その真実の姿を追究するようになってきたのである。

そしていま書店には「目に見えない世界」の本のコーナーが設けられ、多くの本がベストセラーになっているのである。

そのムーブメントの中心になっているのが船井総合研究所会長の船井幸雄氏であり、彼の数多くの著書をはじめ、大ベストセラーになった『脳内革命』の著者の春山茂雄氏、さらには、生まれ変わりという現象を大学教授という立場から検証した飯田文彦氏や「あの世」をユング心理学や粒子物理学という視点から新たにとらえた天外伺朗《てんげしろう》氏といった人たちの著書が読まれはじめたのである。

私から見れば、こうしたブームは当然の流れといえる。これらは私のいう「宇宙の心」と関連した内容であり、それをよく理解しようとする人々が増えていることを示している。そしてそういった本が売れているのは、すべて、これまでの科学万能の教育に対する、人々の反動から起こった現象のひとつだと思う。

オカルトに興味があるかという新聞の調査によれば、二十代では実に八十パーセントの人が大変興味があると答えている。

もともと、古来から中国や日本でも「祟《たた》り」や「怨霊《おんりよう》」といった「目に見えない世界」が存在していることは常識とされていたし、地方の祭礼や供養といった行事にまでなって、人々のなかに浸透していた。

しかし、そうした事実が明治以降の科学万能主義によって、一切排除されただけのことで、二十一世紀を迎えた現在の人々が、もう一度、そうした世界を知りたがるのは、ある意味では当然のことだと思う。

なぜなら、西欧に端を発する科学万能という思想は、十七世紀前半にデカルトによって生み出されたもので、これには当時、宗教と科学が対立していたという政治的背景があった。だから、こうした思想を二十一世紀の現在にまで持ち込むことには、もともと無理があったのである。

事実、先に紹介したユング心理学をはじめ、現代物理学なども「見えない世界」が実在することを証明しつつある。たとえば、物質は素粒子であり、素粒子は、粒子であると同時に波動であるといわれている。観察次第で粒子の本性が現れたり、波動の本性が見えたりするのである。

すなわち、私たちが確固とした「物質」として見ているものには実体がないといえるのである。

そういう目で見ると、いままでの科学では迷信とかインチキで片づけられていた、さまざまなことが、にわかに注目を浴びるようになるのである。

結婚して遠くに住んでいる娘に、母親が夢枕に立って、自分の死を知らせた。はっとして目を覚まし、時計を見た。その時間と母親が息を引き取った時間が同じだった……。

よくこんな話を聞く。これを科学で解明しようとしてもむずかしい。娘が母親の安否を心配していることによって、母親が夢に出てくるというところまでは科学でそれらしく説明はできる。だが、母親の死とその夢を見た時間が一緒であることは、どう考えても不思議である。

また、これも実際に聞いた話である。

ある山岳部の五人のパーティーが冬山を登山中に遭難し、ひとりが雪崩《なだれ》の下敷きになり死亡した。やがて、近くに山小屋があることを発見し、深夜、月の明かりだけを頼りに死体を運んだ。そして、死体をまん中に、四人が四隅に座った。

しかし、このままではみんな眠ってしまう。火の気のないまっ暗な山小屋で眠ってしまえば、凍死してしまうかもしれない。そこで、リーダーは一晩中、みんなが起きているゲームを考えた。

それは、四人が四隅に座っていることを利用し、まずひとりが壁伝いに歩いていき、そこに座っている次の男を手さぐりで捜し、肩を叩き、席を交代する。すると、肩を叩かれた男がまた壁を伝いながら、次の角まで行き、そこにいる男の肩を叩き、そこに座る……。

こうやって一晩中、四人は席を入れ替えながら歩いたため、寝込んでしまうこともなく、翌日、救助隊に発見され、ひとりの仲間の遺体は収容され、四人は無事、下山できたという。

しかし、そのリーダーは、大変なことに気がついて、愕然《がくぜん》となった。なぜなら、自分が考えたゲームは四人では絶対に成立しないからである。

図を描いてみればわかるが、たとえばA、B、C、Dの四人の隊員と、Eという死者が山小屋にいて、Eをまん中に四隅に四人座る。そして、AはBへ、BはCへ、CはD、そしてDはAの場所にリレーのように順番に行き、肩を叩く。

だが、DがAの場所に行ったとき、いったい誰の肩を叩けるというのだろうか。なぜならAはすでにBの場所に行っているのだ。

リーダーはDに聞いた。まっ暗ななかで、たしかに誰かの肩を叩いたというのだ。そして、すでにBの場所に行っていたAも、間違いなく誰かに肩を叩かれたという。

つまり、このゲームは五人いないと成立しないのだ。

いったい、誰が参加したのだ。それは、まん中に横たわっていたEとしか考えられなかった。彼は死体になっていたが、彼自身は、ほかの仲間を凍死から助けるために、その不可能なゲームを可能にしたのではないか……。

人々が「目に見えない世界」に興味を持ちはじめるのも、こうした不思議な実例を聞き、それについて考えることから始まるのかもしれない。

「貧乏人のほら吹き」がなぜ成功するのか

しかし、そうした「見えない世界」の存在に関心を持つ人が増えたといっても、「科学で説明できないことは信じない」と主張する人は、今日、まだかなり多い。

私がこの本でいいたい「想いは実現する」「言葉には願いをかなえる力がある」という話も同様だろう。

だから、前に述べたように「必ず大統領になる」といっていた人が大統領になったり、「大金持ちになる」と若い頃からいいつづけていた人が大富豪になったことに対しても、根本的な理由を見つけようとはせず、単なる偶然で片づけようとするだろう。

「それはそれで努力したからだ」とか「生まれつき商才があったのだ」あるいは「偶然その人の運がよかっただけだ」というだけで終わってしまう。

同様に「貧乏人のほら吹き」とよくいわれる。

普通、多くの人は、大富豪になどなれないと思っている。特に貧しい人たちのほとんどはむしろ金持ちになることなど、夢のまた夢だと思っているだろう。

しかし、なかには「俺は将来、金持ちになるんだ！」と叫びつづけている人もいないではない。一万人に一人、いや十万人に一人かもしれないが、とにかく「俺は金持ちになるぞ！」といいつづけている。

もし、そんな人があなたのまわりにいたら、どう思うだろうか。

「また、あのほら吹きが始まった。バカなヤツだ」

あなたにかぎらず、きっとまわりの人は、彼のいうことをほとんど信じないだろう。

ところが、こういう人にかぎって、数十年後に本当に大富豪になったりする。それは、彼が心からそう念じたからである。だから私はそういう「貧乏人のほら吹き」をおおいに勧めるのだ。

最近、その「貧乏人のほら吹き」を実行した男がいる。

いまをときめくマイクロソフト社の総帥ビル・ゲイツである。

ビル・ゲイツは「ウィンドウズ」の製品化を発表した際、マスコミからひどい非難を浴びた。なぜなら、それはまだたいして開発が進んでいなかったからである。

「ほとんど何もできていないのに、製品化の発表をするなんて、大風呂敷もいいとこだ」

「ビルのヤツは、口が達者なだけなのさ」

「あいつはほら吹きもいいところだ」

だが、ビル・ゲイツは負けてはいなかった。

「来年の春には、必ず出荷する！」

と堂々とマスコミに宣言してしまったのである。しかし、出荷は大幅に遅れ、実際には翌々年の秋になってしまった。

しかも、苦労に苦労を重ねて出荷した製品も、評判はまったく芳しくなかった。そのために、ユーザーはもちろんのこと、社内ですら、開発断念を唱える人たちが増えた。

さすがのビル・ゲイツもかなりまいっているようだった。実際、朝起きたとき、もうわが社はダメかなと何度も思ったという。そのとき、彼は最初に製品化を発表したときのまわりの反応を思い出した。

「あいつは、ほら吹きもいいとこだ」

このままでは、いわれっぱなしになってしまう。そこで彼は一パーセントの可能性が残っているかぎり、最後まであきらめないと自分を鼓舞した。

「絶対に成功してみせる」

彼は何度も何度も自分にいい聞かせ、そして十年後、ようやく今日の栄光をつかむことができたのである。

まさに「貧乏人のほら吹き」があったからこそ、彼は成功したと断言してもいい。そして、「絶対に成功してみせる」という願いを言霊に変えたときから、彼の運命も変わっていったのだった。

もし、ビル・ゲイツの、この十年間の心のなかの言葉がカセット・テープに録音されていたとすれば、そのテープの大部分が「負けてたまるか」といっていたにちがいない。彼の「ほら吹き」は、それだけ強烈な信念のこもったものだったのではあるまいか。

そう、奇蹟は「言霊の法則」によってのみ、起こるのである。

では、その法則とは何なのか。

人間の心の想いを言葉に変え、その言葉に信念がこもると言霊という力を持つ。その言霊はやがて、その人の心を離れる。そして「宇宙の心」に刻印され、反応を起こし、願いはかなえられるのである。

しかも、前述のごとく、その効果は言葉の強さに比例し、さらには願いつづける時間の長さにも比例する。

つまり、「必ず大統領になる」という強い想いのこもった言葉が、若いときから長い時間かかって「絶対に大統領になってやる」という言霊になり、ある時期が来ると、言霊は勢いを得たロケットのようにいったん彼の心から離れ、すべての人間に共通した「宇宙の心」へと向かう。そこで無限のエネルギーを得て、再び彼の心のもとへと戻ってくる。

ビル・ゲイツの例でいえば、「絶対に成功してみせる！」という、何度も繰り返された強い想いが、言霊となって、先に説明した「宇宙の心」へと飛んでいったのである。そして、そこで得たパワーが「奇蹟」を起こし、ビル・ゲイツの人生を変えたのである。

これが「言霊の法則」である。

理性と常識を捨てれば夢はかなう

このように、私たちの人生のかなりの部分は、自分の力によってよい方向に変えていくことができる。

たとえば、常識で考えれば、無から有は生まれない。だから、貧乏人が明日すぐに、金持ちになれるなどということは、不可能に近い。もちろん、乏しい収入のなかから、爪に火をともすようにして、少しずつお金を貯めていけば、いつかはかなり大きな金額になっていくだろう。

しかし、理性で考えているかぎり、コツコツ貯めたところで、たいした金額にならないことはすぐにわかる。絶対的な収入が少ないのだから、そのわずかな金を積み上げたところで、大金持ちが巨大な投資によって、一挙に得る金額には遠く及ばない。

貧乏人が大金持ちになれるチャンスは、現実的には永遠に現れないのだろうか。

ここで注目すべきは、現実に富を築いた人間、大富豪になった人たちは、そうは考えていなかったということである。

では、彼らはどうしたか。

普通の人が考えるような常識を捨てたのである。

こんな男がいる。アメリカで超一流の保険セールスマンになった男の話である。

名前をポール・マイヤーという。彼はハイスクールを卒業して、保険会社に就職しようと、いろいろな会社を訪ねるが、どこも採用してくれなかった。

ある会社では「貧乏人はダメだね。親戚も貧乏だからね」と笑われ、ちがう会社では、「うちは大学出じゃないと採用しないよ」といわれ、またある会社では、「そんな小僧っ子じゃ、保険のセールスはまだ無理だね」……。さらにまた別の会社では、性格が暗いの、口のきき方がなってないのと、いろいろ難癖をつけられ、まったく就職口が見つからなかった。

普通なら、そこでかなり落ち込むのだが、彼はちがった。

彼は、「絶対にアメリカ一のセールスマンになって、あいつを採用しておけばよかったと思わせてやる！」と信念を燃やし、五十社目でようやく採用してくれた会社でものすごい成績を上げ、数年後にはとうとう全米一の保険のセールスマンになり、大富豪の道を歩んでいった。

彼は最初は、どうやって給料を増やそうかなど考えていない。金持ちになるための方法もわかっていない。ただ、ひと言でいえば、理性や常識を捨てたのである。そして「言霊の法則」を使ったのである。

「アメリカ一のセールスマンになってみせる」

「絶対に金持ちになって見返してやる」

彼は自分の心のなかの想いを強くし、それを言霊に変え、「宇宙の心」へと言霊のロケットを放ったのである。そして、言霊は無限のエネルギーを得て、再び彼のもとに戻ってきた。彼の願望はここに結実したのである。

プロローグで中村天風の話を紹介したが、理性で考えれば、五百億円の富を築くのは、安月給のサラリーマンではおそらく一生かかっても無理だろう。しかし、五百億円を何がなんでも絶対貯めてやるという信念のこもった言霊をつくった人が、実際に、五百億円にも及ぶ借金を返済し、のちに大富豪になっているのである。

つまり、彼らは「人生は理性では判断できない」として、見えざる真理の存在を知り、かつその絶大なる作用を受けて、人生をよい方向に大展開させていったのだ。

これは決して、特別なことではない。

先に述べたような法則を使えば、誰でも自由に、宇宙の心に言霊のロケットを放つことができる。そして、あなたのロケットが無限のエネルギーをつかんで帰ってくる日をひたすら願っていれば、必ず想いは実現するということだ。

潜在意識に希望の言葉を送り込め

たとえば、ある人がいま病気で「自分は絶対に健康になれない」と思っていたとしたら、あるいは健康でも、「病気になるかもしれない」と思いつづけていたら大変である。

もし、本気でそう思っていたなら、その人は健康にはなれないだろうし、病気にかかってしまうかもしれない。

逆にいまは病気だが「きっと元気になってみせる」と思いつづけた人がいたとする。この人は、そう考えたとおり、必ずいつか健康を取り戻すにちがいない。

なぜ、私がそこまで断言できるかというと、それらの想いも願いもすべて、その人たちの潜在意識に伝わっているからである。

私たちは、意識するしないにかかわらず、毎日、何かを思う。「ああ、楽しかった……」「ああ、疲れた」「まいったな」「まあ、いいか……」、その思いはさまざまである。

しかし、それは、いつも自分の潜在意識に、入り込んでいくのである。潜在意識とは『ジキル博士とハイド氏』のような「もうひとりの自分」にたとえられる。だからいい方を換えれば、そういう人は心のなかの「もうひとりの自分」に愚痴をこぼしているようなものだといえるのだ。

一方、その愚痴を聞いた「もうひとりの自分」は、言葉で返すのではなく、それを素直に行動で表す。黙っていても、だんだんイライラしてきたり、むしょうに腹が立ってきたりするのは、すべて潜在意識のなせる業である。

しかも、困ったことに、「もうひとりの自分」は頭で考えてもコントロールできないのだ。私たちの行動の大部分が潜在意識の作用を受けているというのは、そういうことなのである。

それとは反対に、その人が強く「自分はいつか金持ちになってやる」と思えば、それが言葉となって、潜在意識、つまりここでいう「もうひとりの自分」に希望を与えているということになる。

そうなれば、心のなかの「もうひとりの自分」の力によって、いつだって期待にふくらんでくるかもしれないし、やる気が再びわいてくるかもしれない。いい想いを持てば、よりよい結果が得られるし、逆に悪い想いを抱きつづけていれば、人生は悪い方向に向かっていくのだ。

要は、潜在意識というあばれ馬をどう手なずけるか、ということなのだ。それにはインプットする言葉を変えることで、少しずつ方向転換をはかるしかない。前に述べた「どうせ、俺はダメな人間だ」と思うと、なぜ本当にダメな人間になっていってしまうのかも、これでより理解できたと思う。

つまり、私たちの人生は、こうした何気ない自分たちの言葉によって支配されているということである。

「宇宙の心」には現実世界の原形がある

さて、この潜在意識は、ユングがいっているように、さらに大きな、人類に共通の「集合的無意識」につながっていると考えられる。

それを私が「宇宙の心」と呼んでいることはすでに述べたが、これはいったいどういうものなのだろうか。

「宇宙の心」には、この世で起こることすべての原形、青写真がすでに存在していると考えられる。それが、やがて現実の世界で起こるだけのことなのだ。したがって、予言者や霊能力者の予知能力というのは、それは前もって決まっていることを、「宇宙の心」から取り出す能力があるというだけのことなのである。

しかし、それは必ずしも予言者や霊能力者だけが持っている能力ではない。私たちのなかにも、潜在意識の宇宙からときどきメッセージが届くことがある。

それが「虫の知らせ」というものである。

たとえば、何だか胸騒ぎがしたので実家に戻ってみたら、親が急病で入院して、いま連絡しようと家族が思っていたところだった、とか、夢のなかで箪笥《たんす》のなかにずっと捜していた大事なものがあったので、翌朝開けてみたら、本当にそれが見つかったなどという話は、すべて潜在意識の宇宙からのメッセージだといっていい。

私の知人は一九九五年の一月に発生した阪神大震災のときに、「虫の知らせ」によって、命を救われている。

彼はちょうど地震の前日から、仕事で神戸に出張することになっていた。ところが、ふだん風邪ひとつひかないほど丈夫だった彼が、どうしたはずみか、朝起きてクシャミをしたとたん、ギックリ腰になってしまい、どうにもこうにも動けなくなってしまったのだ。

そこでしかたがなく、予定を変更したところ、幸運にも大災禍から逃れられたというわけだ。これなども「潜在意識の宇宙」の作用を示す好例といえる。

実際、私にもそんな経験がある。

あるとき、私がジョギングをしていたら、私の走っているわずか一メートルか一メートル半前に、死んだスズメが落ちてきた。

中国では、死んだスズメが落下するのを目撃すると、自分にとって最も大切な人が死ぬといういい伝えがある。私はなんとなくいやな予感がしたが、案の定、翌日父が死んだことを知らされた。腐ったエビを食べたことが原因だったが、後で聞いたところ、エビを食べた時間とスズメが私の前に落ちた時間が同じだったことに気がついた。

これも、ひとつの宇宙から私に送られてきたメッセージだと思う。なぜなら、スズメが落ちたのが私の走っている一メートル後ろでも気がつかなかっただろうし、二十メートル先でもわからなかったにちがいない。私のすぐ前に落ちる確率は微々たるものだ。

私の場合は、メッセージを受けても、父の死にはすでに間に合わなかったが、先の震災を逃れた人のように、こうしたメッセージを受けることによって、不幸から逃れられるということもありうるのだ。

不幸を先に知ることは、かえってその人にとってはつらいこともあるかもしれないが、逆に、不幸を避けられることもあるから、こうした「宇宙の心」からのメッセージを無視するわけにはいかないのである。

虫の知らせは「宇宙の心」からのメッセージ

私の兄嫁にこんな話がある。

まだ兄嫁が若い頃、連日、胸騒ぎがしてしかたがなかった。何だかおかしいけれど、原因が何であるか、さっぱりわからない。

夫に話してみても、信じてもらえない。

そして、不安を抱えたまま二日目の夜も布団に入ったが、いままでにないほど、心臓がドキドキと高鳴ったので、夜中に起き上がると、横に寝ている小さな息子の上に、押し入れから落ちてきたのか、大きな布団がいつの間にか被《かぶ》さっていて、いまにも窒息死しそうだったという。

あわてて布団を取り除き、病院に運び、酸素吸入をして一命をとりとめたという。もう少し気づくのが遅ければ子供は窒息死していた、といわれてゾッとしたという。

子供が布団を被ってしまうというのは、偶然かもしれないし、布団が押し入れから落ちてきたのだとしたら、それは事故である。しかし、二日も前から何だか胸騒ぎがしていたという事実がなければ、兄嫁は目を覚まさなかったかもしれない。私にいわせれば、「宇宙の心」から兄嫁に、前もってそうした注意を促していたわけである。

このように、「虫の知らせ」は人によってちがうが、たいがいは親しい人に何かが起こったときには、「宇宙の心」から何らかのメッセージが送られるという。

たとえば、冒頭に書いたジョセフ・マーフィーは、一九三九年、つまり日米開戦の二年前に、日本軍の真珠湾攻撃の夢を見ている。実際、この年に日本の海軍は真珠湾攻撃の作戦をたてはじめているのだから、「アメリカに勝つには、真珠湾への奇襲攻撃しかない」という日本軍の強い想いが、人類に共通する「宇宙の心」を通じて、マーフィーの心にまで届いたのである。

身近な例では、私の妻があるとき、私が海外に出張する直前に「飛行機が墜落する」と予言した。私が乗る飛行機かどうかわからなかったが、とにかく飛行機が空中爆発をして墜落する夢を見たから、乗らないようにというのだ。

私は妻が予知能力を持っていることを知っていたので、正直いって困った。ヨーロッパで大切な学会があり、すでに予約はとれているし、飛行機に乗らないわけにはいかない。結局、私の乗った飛行機は無事だったが、その同じ日、台湾で作家の向田邦子さんらが乗った飛行機が空中爆発を起こし、墜落したというニュースを聞いた。

この例でもわかるように、「宇宙の心」には、すべての情報がインプットされている。だから、そこから未来をも読みとれる。これが予知能力である。

しかも、おもしろいことに、それらの予言は変化をする。

たとえば、第一次大戦でも、第二次大戦でも、勃発《ぼつぱつ》する二、三年前から、そのことを予言する人たちが出てくる。パリが燃えている、また、太平洋に激しい砲火が見えるなどという。しかし、二年前に彼らが見た未来と、一カ月前に見た未来、さらに実際に起きたことでは、状況がかなりちがっている場合も多い。

世間の人は、そうした事態になると予言がはずれたというが、私にいわせれば、そうではない。ただ、二年前と一カ月前では、「宇宙の心」のなかのひな型に変化が起きるからである。

つまり、人類のすべてに共通した潜在意識が集まっているところだから、少しずつ宇宙の心のなかも、変化しているのである。

私が父の死を知ったように、兄嫁が子供の窒息死を未然に防いだように、予言者や霊能力者たちは、ある特別な能力を使って、こうした「宇宙の心」に向かって何かを発信し、その情報を得ていたと考えられる。

日本でも、年配者に聞くと、「鼻緒が切れたら、不吉な予感」ということが昔からいわれていたという。そのため、下駄や草履《ぞうり》の鼻緒が切れることを忌み嫌っていたと聞いたが、それも同様だろう。当時の日本人たちは、こうした「宇宙の心」からのメッセージの存在を体験的に知っていたのではないかと思われる。

また、日本人がよくいう「噂《うわさ》をすれば影」というのも、不思議に多いものだ。これもまた、「宇宙の心」からのメッセージが相手に届いたのではないかと思われるほど、おもしろい現象である。

夢で見たことが現実に起こるわけ

先に、妻が飛行機墜落の予知をしたという話を書いたが、私の妻が「宇宙の心」からメッセージを受ける能力があることを物語る、不思議な体験がある。

そのメッセージは、ときどき夢のなかに出てくる。

ある夜、妻は夢のなかで、見知らぬ女と出会った。その女は、それこそ目にも鮮やかな赤い着物を着て、口紅までまっ赤に塗った日本髪の女だったという。その女は、妻を見つけると鋭い目をして、突然、罵《ののし》ったという。何をいったのか、はっきりとは覚えてはいないが、とにかく誰かを罵る言葉をいったのだそうだ。

妻は自分がなぜ、人の悪口を聞かされなければならないのかわからないでいると、あとはケラケラ笑っていたという。

なんとなく気持ち悪い夢だったが、驚いたことに、翌日、ある場所で、夢で見たとおりの赤い着物の女が、自分の隣に座っていた。

まさか、昨夜夢で見た女ではあるわけもないと思っていたが、どういうわけか正月でもないのに日本髪を結っている。そして夢で見たとおりの悪口をいわなければいいな、と思っていると、突然、夢のなかでいったのと同じことをいい出し、それから笑ったという。

どうも、私の妻は既視感覚にすぐれているらしい。既視感覚というのは、実際に起こることが、かつてあったことのように思える感覚である。「宇宙の心」というところには、現実に起こる現象の原因ともいうべきひな型がある。妻は、それが先にわかってしまうにちがいない。

また、ある場所に引っ越したときも、私の妻は実に不思議な体験をしている。

私たちが引っ越して間もなく、深夜、杖《つえ》をついた老婆が寝ている妻の前に突然出てきて何かいっている。もちろん、会ったこともないおばあさんで、妻もその老女が誰なのか、まったく見当がつかなかったという。

話の内容から、どうも隣のおばあさんらしいということになって、翌日、隣の家の人と話していると、姿形からして、たしかにそのご主人のお母さんらしいのだが、五年前に亡くなっているとのことだった。

よく聞けば、最近はまったく供養していなかったという。きっと、そのことを自分の息子に知らせてほしくて、霊感の強い妻の枕元に立ったにちがいないという結論になった。隣に引っ越してきたばかりの、見ず知らずの妻のもとに、わざわざメッセージを伝えに現れる霊というのもめずらしい。これも不思議な体験である。

次に兄嫁の話をしよう。

彼女はあるとき、自分の娘が手術する夢を見た。そのときは、彼女の娘はたしかに体調はよくなく、病院に通ってはいたが、特に手術を要するような病気ではなかった。

ところが、二年後、娘は本当にその病気で手術をすることになってしまったのだ。

さらに驚いたことに、手術する部屋の場所、その手術室に何がどこにあるか、さらに執刀する医師の顔までが二年前に夢で見たとおりだったという。

普通、この話をしても、誰にも信じてもらえないだけに、彼女はとても苦しんだようだ。だがこういうこともありうるのである。なぜなら、「宇宙の心」のなかでは、二年前の時点で、すでに娘は病気をしていたし、手術もしていたのだ。現実がその後を追ったにすぎないということである。

信念は願いをかなえる磁石をつくる

これまでの話で「宇宙の心」の概略についてわかっていただけたと思う。

さて、「宇宙の心」に願望を伝え、実現するパワーを引き寄せるのが「言霊」である。自分の想いを実現するためには、言霊をつくり、それをロケットのように「すべての人間に共通した潜在意識の宇宙」、つまり「宇宙の心」に飛ばせばいいのだ。

では、どうしたら、言霊のロケットが勢いよく飛ぶのだろうか。

そして、ロケットが無限のエネルギーを得て戻ってくるには、何が必要なのだろうか。

それに必要なのは、「信念」である。

先のビル・ゲイツの例でいえば、「成功したい！」と想うだけではなく「絶対自分は成功する」と信じることであり、「必ず成功してみせる！」と念じることである。

病気の人だったら、「早く健康になりたい」と想うだけではなく、「必ず健康を取り戻す！」と自分を信じることである。

想いを強くし、時間をかけて、その想いの実現を信じ念じることによって、言霊のロケットに磁石が生まれる。この磁石が実は、「宇宙の心」から無限の力を引き寄せるのである。

たとえば、こんな例をあげてみよう。

今日、全世界を通じて、流通産業がひとつの花形になっているが、アメリカにおけるデパートの先駆者のひとりは、信じられないほどの困難を次々と克服し、大きく発展していった、まさに奇蹟の人なのである。

それは、かつては貧しいレンガ工であったジョン・ワナメーカーという男であった。

貧しいレンガ工がなぜ、デパート王になることができたのか。それにはこんな「言霊」のサクセス・ストーリーがある。

彼は、一八三八年、フィラデルフィアに生まれている。父は貧しいレンガ工で、ジョンも当然、家計を助けるために、わずか十歳でレンガ工の助手になるという状態から人生のスタートを切った。

だが、彼にも人生を変える転機が訪れる。

第一の転機は、十八歳で町の洋品店に勤めたことである。そこで商売のやり方について学ぶことができた。しかし、三年後、いよいよ独立しようとしたとき、いままでの無理がたたったのか、彼は病に倒れる。さらに父の死が重なった。

ここでひとつ学んでおかなければならないことは、人生では新しい事業を始めようとするときしばしば災難に襲われるということである。特に大人物になる人には、決まって大きな試練が訪れるのだ。彼も例外ではなかった。それでも彼は、一八六一年、不屈の精神でついに洋品店を開業、独立した。

ところが不幸にも、開業した三日後に南北戦争が勃発、もう商売どころではなくなってしまい、店は開店休業状態。しかし、彼は挫《くじ》けなかった。いまある在庫をとにかく売らなければならないと思ったのだ。何度も広告をうち、町中を宣伝してまわった。そして、ギリギリの安値をつけて、とにかく売りまくった。

そして一年後、南北戦争が激しくなると、今度は打って変わったように、兵隊服の注文が舞い込んできた。よい製品を安く買うなら、ワナメーカーの店へ行けばいいと口コミで広がったからだった。

開店九年目には、六階建てのビルで商売ができるほどに、事業は発展していった。

しかし、その数年後に世界恐慌が襲う。彼の本拠地フィラデルフィアでは失業者があふれ、店は残品の山となった。いよいよ倒産かと思われたとき、彼は地方の新聞を取り寄せて、どの地方に行けばニーズがあるか探した。そして、売れる場所を見つければすぐに飛んでいける行商を始めたのだ。

五年後、フィラデルフィアで建国百年を祝う大博覧会が開催された。この博覧会には六カ月の会期中、実に一千万人の見物客が訪れたのである。この年、ワナメーカーの店は大繁盛し、一九〇二年、フィラデルフィアに大百貨店が誕生したのである。

やがて、彼はニューヨーク進出を狙うが、そのとき再び大不況に見舞われ、どん底の危機に陥った。しかし彼は、不死鳥のように再起した。さらに、そこで得た全国的なネットワークを生かし、アメリカに一大百貨店網を張り巡らせるまでに成長していったのである。

このジョン・ワナメーカーの成功の秘訣は何であろうか。

その人生を振り返ると、決して幸運とはいえまい。それどころか、戦争勃発、世界恐慌と次から次へと危機が訪れている。そのたびに彼はそれまで得たものを失いかけている。が、そんなとき、彼はいつもまた別の商法を編み出し、最後にデパート王になった。

アイデアマンだったからか。ただそれだけでは成功はしない。

実は、彼が成功を引き寄せたのには秘密があった。それが「言霊」だった。

彼は次の言葉をいつも唱えていた。

「私たちの店は、商売の海原を七つの灯で照らし出す。それは『真実の灯』『正義の灯』『親切の灯』『忠実の灯』『先導の灯』『訓練の灯』『協同の灯』である」と。

さらには、こうもいっている。

「私たちはお客さんを失望させてまで売りたくない」

つまり、あくまでお客さんのために自分たちは生きているのだ、という気持ちを固め、その精神にそって、従業員一同、徹底的に客に尽くすことを決意し、実践したのである。

そして、毎朝、「七つの灯」を唱えた。それも言葉だけではなく、具体的にどうしたらいいかを思いながら、唱えつづけた。お客さんが来なければ、商売は成り立たない。まず、どんなことがあっても、お客さんが第一であるということを心に刻みつけたのである。

すると、その想いは潜在意識のなかに入り込む。しかも、言葉にして何度も何度も唱えているから、燃えるような信念になって潜在意識に組み込まれていったのである。その信念は、やがて成功を引き寄せる強力な磁石になり、まるでロケットが点火されたがごとく、「宇宙の心」に向かって飛び立っていったのである。

こうなれば、あとはその磁石が「成功」という名のエネルギーを吸いつけて、戻ってくるのを待てばいいのである。

「宇宙に法則があるように、富を得るにも一定の公式がある。それは『自分には豊かになる権利がある』と心から念じることである。それをできた人だけが富を手に入れる」

私の尊敬するジョセフ・マーフィーの言葉である。

奇蹟が起こるには条件がある

このように、実に多くの人たちが奇蹟ともいうべき成功を収めているが、それでもなお、「奇蹟など起こるわけがない」と思っている人は少なくない。

そういう人たちは、私のいう「奇蹟」に関して、誤解しているように思えてならない。奇蹟というのは何もしないで、突然天からお金が降ってくるような「願ってもないことが起こる」ことではなく「強く願っていたことが起こる」ということなのである。

では、どんなときに、そうした「奇蹟」が起こるのだろうか。

奇蹟もまたある条件によって生まれるのである。それは、物理現象と同じように、きわめて科学的な法則にのっとっている。

ある温度、ある圧力のもとでAとBを混合すると、必ず一定の化学反応が起こる。それと同じように、一定の条件が整えば、奇蹟的な成功がもたらされるのだ。

いままであげてきた、何人かの成功者の例を見てみると、共通した、あることに気づくはずだ。それは、彼らが一定時間、熱意と信念を心のなかに保持しつづけ、どんな逆境にあっても、それを翻さなかったということである。

そんな人の例として私がよくあげるのは、シュリーマンの話である。

シュリーマンは伝説としか思われていなかったトロイアの遺跡を発掘することに成功した人である。彼は、七歳のときに見た夢を、四十年以上も追い求めて、ついに遺跡を見つけ出したのである。

彼は七歳のとき、牧師であった父から、古代ギリシア神話に出てくるトロイアの戦いの物語を聞いた。この伝説は少年の心をとらえて夢中にさせてしまったのである。

しかし、それからの彼の人生は困難の連続であった。十四歳のときに奉公に出された彼は、苛酷《かこく》な労働がたたって、大病を患う。そのあと、南米に渡るために乗った船が嵐にあい、難破。彼は、オランダの海岸に流れつくのである。

しかし、信念を持ちつづける人を運命は見捨てはしない。オランダでドイツ領事館を訪ねた彼は書記として雇ってもらうことができたのである。ここで、彼はオランダ語をはじめ、英語、フランス語、スペイン語などの語学と歴史を徹底的に勉強する。睡眠時間を削ってまでの熱意は尋常なものではなかった。

その後、二十二歳で貿易商社に入ったシュリーマンは、ロシアのペテルブルグで十五年間働き、三十代で巨万の富を築くことに成功したのである。

この間にも、彼は奇蹟によって助かっている。あるとき、メーメルという町が大火事に見舞われた。その倉庫のうちのひとつが、運搬中の彼の商品を収めたものだったのである。大急ぎでかけつけた彼は、灰燼《かいじん》に帰してしまった町を見て、肩を落とした。全財産を一瞬のうちになくしてしまったと思ったからである。失望にうちひしがれる彼のもとに、ある人がかけよっていった。

「風向きのおかげで、火災を免れた倉庫がある。君の商品はそのなかにある」

彼は、このようにして莫大な財産を築いたあと、三年をかけて世界の遺跡を見学してまわる。そして、ついに長年の夢であったトロイアの発掘に着手したのが、四十六歳のとき。「大金をドブに捨てるようなものだ」という周囲の声にもめげず、ついに五十歳のときに宮殿と城壁の跡を発見したのである。

このシュリーマンの例は、何十年にもわたって熱意と信念を持ちつづけた壮大な話であったが、私の身近にもこんな例がある。私の教え子の話である。

彼は、数年前に無理して重すぎる荷物を持ったために脊髄《せきずい》を痛めてしまい、立つことも歩くこともできなくなってしまった。

医者もお手あげの状態で、「これ以上はどうにも治すことができない。いまの医療ではとても無理だ」と宣告されてしまったのだ。

しかし、彼はあきらめなかった。このまま、自由に歩きまわることもできずに、これからの人生を過ごさなければならないのか。いや、自分自身の人生だ。必ずや自分の力で治してもとの体を取り戻してみせる——彼は、そう強く心に決めたのである。

西洋医学に限界を感じた彼は、いろいろと民間療法の情報を集めてみた。そのうちに、三重県に霊能力を持ったおばあさんがいて、体が不自由になった人の治療を行っていることを知った。そこで、彼は三重県まで訪ねて、週一回の治療を受けることにしたのだ。

そして、三カ月後、彼は普通の人と同じように立って歩けるようになったのだ。医者さえも匙《さじ》を投げた症状をすっかり克服したのである。

彼はそれから、幸せな結婚をして、いまでは元気に暮らしている。

彼が三カ月という短期間のうちに、奇蹟の回復をした要因は何だったのだろうか。それは、「絶対に治してやる」という熱意と、「必ず治る」という信念を心のなかに燃やしつづけたことである。

熱意と信念を絶やすことなく持ちつづければ、必ず「奇蹟」は起こる。しかも、その熱意と信念が強ければ強いほど、願いが成就するまでの必要時間は短くてすむのである。

信じる気持ちが起こしたイエスの「奇蹟」

信じることから、願いがかなえられる。逆にいえば、信じなければ、何も起こらないということだ。

イエス・キリストが、いくつも奇蹟を起こしたことは聖書に書かれている。たとえば、マルコ伝の八章二十二節から二十六節までには、盲人の目を快癒させた次のような記述がある。

「そのうちに彼らは、ベッサイダに着いた。すると人々がひとりの盲人を連れて来て、触ってやっていただきたいとお願いした。イエスはこの盲人の手を取って、村の外に連れ出し、その両方の目に唾《つば》をつけ、両手を彼に当てて、何か見えるかと尋ねられた。すると彼は顔を上げていった。『人が見えます。木のように見えます。歩いているようです』。それからイエスが再び目の上に両手を当てられると、盲人は見つめているうちに治ってきて、すべての物がはっきりと見え出した。そこでイエスは、『村に入ってはいけない』といって彼を家に帰された」

ここで重要なことは、一行目から二行目の「人々が……触ってやっていただきたいとお願いした」と書いてあるところである。つまり、治される側に、熱烈なるイエス・キリストへの信じる心があったということなのだ。

ベッサイダの人々が、あるいは盲人が、イエスに体を触ってもらえれば目が見えるようになると信じていたからこそ、奇蹟が起きたということを、この章は訴えているのではないかと思うのである。

つまり、「治りたい」「きっと治る」と彼らが強く思ったことがイエスを通して実現したということなのである。

ところが、イエスが自分の故郷に来ると、奇蹟はまったく起こらない。なぜなら、故郷の人々はイエスを子供の頃から知っているから、イエスの奇蹟をハナから認めていないし、神の子だなんて信じられないと一笑にふしてしまうからだ。

それは、信じないところに奇蹟は生まれないということを表している。

これはイエスにかぎらない。釈迦《しゃか》でもマホメットでも同じことである。極端にいえば、宗教のすべては、その人の願いを強くし、その想いを表層意識から潜在意識、さらに「宇宙の心」へと高めていくための方法論であって、決して、神や仏が別のところにいて、その神や仏にお願いして奇蹟を起こしてくれるのを待っているわけではない。

病気が奇蹟的に快癒した人は、治ることを信じ、そのために祈り、どんなことがあっても挫けることなく、自分の快癒をひたすら願う「言霊」の力によって、適切な治療法と出合ったのである。

まさに「神は内にあり」というのは、人間の持つそうした無限の能力をたとえた言葉でもあるのだ。

運命が好転するにはプロセスがある

先のイエスの話に、もうひとつ大事なことが隠されている。

それは、彼の治癒がいきなり起こったのではない、ということである。

「……それからイエスが再び目の上に両手を当てられると、盲人は見つめているうちに治ってきて、すべての物がはっきりと見え出した……」

と書いてある。一度に目が見えたのではない。「見つめているうちに治ってきて……」

とある。つまり、それは、奇蹟は順を追って起こるということを示している。もちろん、時間にすれば、数分だったかもしれないが、それにしても、一瞬にしてそれらのことが起こったのではないということである。

医者が匙を投げた病気を自分で治した人の話がよく「奇蹟の回復」などといって伝えられるが、それも突然治ったわけではない。回復には兆しがあり、段階があるのだ。

実際に、こんな例がある。

ある女性が末期ガンにかかり、医者から余命一カ月といわれた。家族をはじめ、まわりの人々は、「ああ、もうダメか」と思ったが、本人はまだ小学校に入学したばかりの子を思い、「私はまだ死ねない。だから自分で治す」と強く決心した。

そして、病院から出て、自宅で必死で祈っていたが、一週間たって検査をしたら、ほんの少しよくなっていた。これが好転の兆しであった。

そのときの彼女は自分と対話をしたという。

いままでのこと、子供のこと、病気のこと。そして、自分の心に「絶対に死ねない」ことを強く訴えた。まさに、もうひとりの自分に語りかけていたのである。

もうひとりの自分、それは「宇宙の心」へとつながっていく。

やがて、一カ月たって、また少しよくなった。そのとき、彼女はこのままいけば、すぐに死ぬことはないということだけは確信した。

そして、自信がついた彼女は、また自分に勇気を与える言葉をいいつづけた。人が見たら、病気で頭がおかしくなったのかと思われるほど、ひとり言をいい、自分自身を励ましつづけた。

「治ってきた。治ってきた。少しずつよくなっていく。私は絶対に死なない」

最初、「死ねない」といっていたのが、いつの間にか「死なない」という言葉に変わっていた。

そして、医者が首をかしげるほどの回復を示し、ガンはいつの間にか消えていた。彼女に奇蹟が起こったのだ。これは、私が彼女に直接会って、聞いた話である。

ここで、大事なことは、彼女が自分で言霊を使って、治しているということである。彼女は時間をかけて、「言霊」のロケットに点火させ、潜在意識の宇宙へ「願い」を発射させつづけたのである。その結果、一週間後にほんの少しだけよくなり、それがまた自信につながったのである。

運命が好転するのにも段階がある。

そのほんのわずかの「兆し」を見いだすことも、また大切なことである。

悪条件こそ信念を育てるチャンスだ

しかし、運命を好転させ、成功をつかんだ多くの人を見てみると、不思議なことにそれぞれ、どん底の生活から這《は》い上がった話ばかりである。仕事に失敗したり、若いときに貧しくて、食べることすらままならなかった人こそが、次々と奇蹟を起こしている。

これは、いったい何を意味しているのか。

それは、先ほどから書いているような想いを強くし、「言霊」に変えるということが、そう簡単にはいかないということを示している。

世間に叩かれ、いじめられ、もうこれ以上の苦しみはないというようなところから、ハングリー精神が生まれ、そこから「いまに見ていろ！　必ず立派になってやる」という気持ちが生まれる。

病気の場合なら、医者から匙を投げられる。不治の病を宣告される。もう命はない。そう覚悟したときから、再び健康を取り戻すのは、ただの願いではないはずだ。

「生きたい！　絶対、死なない！」、そして「治る！」。

そう心から想う願いは切実であり、まさに心底からの「願い」であった。

つまり、最大のピンチを迎えたときに、奇蹟が起こるということである。いい方を換えれば、「ピンチこそチャンス」なのである。

そして、それを支えるのが信念である。

たとえば、脱サラをして、退職金をすべて投じ、さらには銀行から借金をして新しい事業を始めるときなど、信念がなかったら絶対にうまくいかない。だから、多くの起業家たちは、それこそ背水の陣で仕事に取り組むのだ。

それに比べて、甘い条件で育ち、何ひとつ困ることがない環境にいると、「信念」が育たない。いわば、ハングリー精神が不足しがちである。

私の知人にも大きな会社の二代目がいるが、初代の社長の艱難辛苦《かんなんしんく》から比べると、その苦労は雲泥の差である。子供の頃からほしいものは何でも手に入るし、初代が成功し、年をとってからできた子のため、甘やかされ放題で育った。そのために、二代目社長になってからの業績は下がる一方である。

こういう人が大きな成功をつかもうとしても、なかなかそうはいかない。どこかに甘えがあるからである。

これに対して両親が大学教授の家に生まれながら、自分の信念を貫いて大学に行かずに就職した人も知っている。当然のことながら両親は驚き、子供を説得しようとした。しかし、彼は結局、自分の道を自分で選んで就職した。

私は、むしろ彼に拍手を送りたい。大学とは勉強したいことがあって行くところである。自分を磨くところである。決して、一流会社に就職するためのものではない。

こうした親からのプレッシャーをかけられている人は結構多いものだ。そういう人も親のいいなりになって、ただ跡を追うだけでなく、自分の人生を切り拓こうという気持ちを持つことである。そうすれば真の「願い」が生まれ、それが必ずプラスの方向に向かうだろう。そして、何度もピンチに遭遇し、それを乗り越えたときから、新しい発展がある。

一流会社でもリストラが盛んに行われている。総務課だった人が生産工場や販売の子会社に派遣され、慣れない仕事に苦労している。なかには、肩たたきをされた人も多いことだろう。

私はそういう苦境のときこそ、人生のチャンスだと思う。自分にとって苦しいことが起こるときこそ、次なる成功への第一歩が始まったと思っていい。

「絶対、負けない。リストラされる前より、もっともっと成功してやる！」

そう強く、思うことだ。そして、その「言霊」をいつまでも長く念じることだ。それがあなたの「願い」を実現する第一歩なのだ。

第2章

この人たちの成功の秘密は何か

ポジティブ・シンキング「世界で知られる人間になる」

いま、世に出ている多くの成功哲学、願望達成法の本は、「プラス・イメージを持続させ、それを潜在意識に送り込むことが願望達成・成功の秘訣だ」と説いている。これは私が繰り返しいってきたことであり、この点に関して、私はまったく異論はない。

だが、それだけでは不十分である。よいことだけを考えるのも必要だが「マイナスのことをなるべく考えるな」というのも大切なメッセージなのである。

プロローグで、潜在意識は心のなかにあるカセット・テープのようだということを述べたが、そのカセット・テープに録音した内容に、たとえ一時間「プラス思考」の言葉を入れたとしても、残りの二十三時間が「マイナス思考」の言葉だったら、それですべて帳消しである。ましてのこと、愚痴や人の悪口だらけだとすれば、むしろ「マイナス」の言葉ばかりになってしまう。

そうなると、前に書いたように、マイナスの言葉がそのとおり実現してしまう。

人間とは「その人が一日中考えているもの」であり、人の一生とは「その人が人生をいかに考えたか」である。

その人が一日中考えていることは、すべて潜在意識のなかにインプットされる。だから、その一日二十四時間を、すべてポジティブに生きるよう心がけなければいけないのだ。

これはなかなかむずかしい。人は意識するしないにかかわらず、つい不満を口にしてしまう。

「冗談じゃないよ、こんな効率の悪い仕事ばかり押しつけて」

これでは単なる愚痴である。同じ状況でも、

「誰がやっても効率が悪い仕事なら、俺がその効率を高めてやるか」

もし、そう考えられたら、仕事はきっとスムーズに運び、つまらない仕事がやりがいのある仕事に変わる可能性だってあると思う。

とはいっても、一日二十四時間、すべてポジティブに考えるのはたしかに大変なことである。

しかし、それを実行したのではないかと思われるほどの成功者がいる。

現代の情報産業を代表する、パソコン・ソフトの流通業界最大手であるソフトバンクの創始者、孫正義がその人である。

彼は高校を一年で中退している。子供の頃から実業家になることを夢見た彼は「事業を起こすのに、学校の卒業証書など何の役にも立たない」と思い、単身アメリカへ留学しよ

うと試みた。

家族をはじめ、友人、知人たちがこぞって反対したのはいうまでもない。幸い、彼の父親が賛成してくれたのを機に、彼はアメリカに飛んだ。

それからの彼は、ものすごいファイティング・スピリットで勉強をした。

そのときの彼を支えたのは、「自分は世界に知られる人間になる」という言霊だったようだ。しかも、彼がすごいのは、ひたすら、ポジティブに考えつづけたことである。「自分はダメだ」といったマイナスの要素は、できるかぎり考えなかった。

そして、「自分は世界に知られる人間になる」という言葉だけを信じて、カリフォルニア大学に入り、コンピュータの授業を受けた。

そのとき、「これこそ、世界に通用する仕事ではないか！」と思ったという。

そして、十九歳のとき、このとき学んだ知識を生かし、日本語を外国語に翻訳する自動翻訳機をつくり、ポケット電子翻訳機の名前でシャープから売り出した。

そのとき、手にした金は一億円。さらにそれを元手に、インベーダーゲームなどのマシンをアメリカに輸入し、帰国した彼は次にパソコン市場の拡大を予測して、あのソフトバンクをつくったのである。

しかし、単純にアメリカに行ったから成功したわけではなかった。最初はアパートひと部屋にアルバイトの社員ふたりという小さな会社だった。そうした環境のなかでも、彼は「この会社をいずれ十兆円企業にしてみせる」といっていたという。ふたりのアルバイトも、あまりの彼の「ほら吹き」についていけないと、すぐに辞めてしまった。

彼の「ほら」、つまり成功のキーワードは「世界に知られる人間」であった。

日本では高校中退というと、それだけで落ちこぼれといわれかねない。しかしそれは世界では何のマイナスにもならなかった。しかも、その中退という事態が起こったからこそ、彼の信念はいっそう固くなった。いや、むしろ日本の大学に進学していたら、今日の彼はなかっただろう。

また、成功への途上でもすべてが順調にいったわけではない。彼もまたさまざまなアクシデントに見舞われた。十億円の借金を抱えながら、病気で入院を余儀なくされたこともあったという。しかし、彼はその信念を一度たりとも曲げなかった。

そして、なにより彼は一切、自分に対して愚痴をこぼさなかったのである。そして、何をやるにしても、これは自分の願いがかなうために必要なことだと考えたのである。

一日にどのくらいプラスのことを考えたか。マイナスの言葉を吐かなかったか。それが一週間になり、一カ月になり、やがて一年になる。そして、二年、三年……。プラスの言葉が増えてくれれば、やがて、そのプラス思考の言葉に支えられたひとつの言葉が「言霊」

になって、奇蹟を起こすのである。

孫正義が使ったポジティブ・シンキングは、まさに、「世界で知られる人間になる」という言葉を中心に、その周囲の言葉をすべてこの言葉に集約することによって、ひとつの願いを「言霊」にまで高めたのである。

これなら、あなただって少しずつでもできないことはない。

とにかく、マイナスだと思うことは、意識して排除してしまわなくてはならない。なぜなら、マイナス思考をする癖をつけてしまうと、その思いは確実に潜在意識に組み込まれてしまうからである。だから、ポジティブな気持ちで、言葉を選んで願いつづけよう。

「私は、絶対やりとげる」

そのひと言で十分だ。そして、何があっても、それはすべて、その言霊が実現するために必要なものだと考えよう。

つらいことがあっても、いやなことをいわれても、それはすべて「私は、やりとげる」ということを実現するために必要不可欠なことだと考えれば、何でもないかもしれない。

それが本当の意味でのポジティブ・シンキングなのである。

不屈の精神「自分がやらなければ誰がやる」

「いかなる事情があろうとも、自分がいったん描いた理想は、一念不動の状態で、固く固く把持《はじ》して、変更しないことである。否、人生を幸福にする原則のなかで、このことぐらい重要な原則はほかにない。だからまず第一に、自己の欲する物事を、はっきり明確に決定することである」

これはプロローグで紹介した中村天風の言葉である。

ところが、この言葉のなかにある「一念不動」、これがなかなかむずかしいのだ。

先の孫正義の「世界で知られる人間になる」という言葉にしろ、一度そう口に出したら最後、絶対に引っ込めない。これが言霊をつくるのに大切なことだということだ。しかし、そうはいっても、私たちはどうしても挫《くじ》けてしまいがちである。

重光葵《まもる》という人を知っているだろうか。大分県出身の外交官で、一九三一年の中国公使を皮切りに、ソ連、イギリス、中国の各大使を歴任し、一九四三年に東条内閣の外相、小磯・米内《よない》内閣の外相兼大東亜相を務めた政治家である。

敗戦直後、東久邇《ひがしくに》内閣の外相として、日本政府を代表してミズーリ号の甲板で降伏文書に調印をした。その後、一九四七年の東京裁判でA級戦犯となり、刑務所に収監されたが、一九五四年鳩山内閣のときに、再び外相になり、日ソ平和条約を結んだ、知る人ぞ知る人物である。

彼は、片脚がなかった。義足で杖《つえ》をついて、戦中戦後の日本の外交をひとりで取りしきった。しかも、途中で戦犯になっている。連合軍によって禁固七年に処せられたときは、このうえない失望と屈辱が彼を襲ったことだろう。

しかし、彼は挫けることがなかった。

それは、つねに「俺がやらなければ、日本の外交は連合国のいいなりになる」という思いがあったからだった。戦犯になって服役中でも、日本の外交がどうなっているのか、アメリカに牛耳られていないか、ソ連が勝手なまねをしていないか、などをいつも気にしていたという。

「自分がやらなければ誰がやる」

彼のその精神は、獄中生活の間に見事に言霊となって実った。彼は、政界に復帰することができ、さっそく念願の日ソ平和条約の締結という、外交史上に残る偉業をやってのけたのだ。

もはや、彼の名前を知っている人たちが少なくなったが、この重光外相の不屈の精神が、天風の言葉に重なるとき、「一念不動」という言葉の重みが増してくる。

私たちも「自分がやらなければ誰がやる」という言霊をつくり出せば、どんなことがあっても挫けない不屈の精神を持つことができるのである。

会社の経営が苦しいとき、家族のなかに不幸にも病人が出たとき、さらには、自分が率先して何かをなしとげようというとき、不屈の精神を鍛錬する意味でも、「自分がやらなければ誰がやる」を口に出してみることを勧めたい。

負けん気と信念「食うか、食われるか」

こうして見ていくと、成功した人たちの「想い」というのは、私たちとはどこかちがっている。つねに、切羽詰まったものが感じられるし、何かをやりとげるにしても、命を賭《か》ける覚悟までがひしひしと伝わってくる。

彼らにとって、いつも「背水の陣」であったにちがいない。しかもそれは、相手に攻められたうえでの、やむをえない状況ではなく、積極的に自分を窮地に追い込んでの戦いを、人生のなかでわざわざ挑んでいるように思えないだろうか。

ここに成功者に独特の「におい」を感じることができる。

私たちが金持ちになりたいと願っても、なかなかなれないのは、我々が食べるのに困るほどの貧しさではないからだ。なんとなく、普通の生活ができる。贅沢《ぜいたく》しなければ、このまま一生食べていける。そうした環境のなかに長くいると、強い想いが生まれてこないのは、当然かもしれない。だから、簡単に金持ちにはなれないのだ。

だからといって、このままでいいとは思っていない。「言霊の法則」を使って、奇蹟をこの手で起こしたい。そう思う人のために、流通業界の雄として君臨した、中内　功《いさお》氏の例をあげる。

「記録は破られるためにある」という言葉があるが、ダイエー・グループをつくり上げた中内にとっては、常識は破られるためにあるかのようだった。

中内はかつて「わが社の歴史は、戦いの歴史である」といったが、まさにその半生は、戦いまた戦いの連続であった。

彼は神戸の高等商業を卒業している。大学には行かなかった。クラス五十八人のうち、四十八人は大学に合格し、不合格だったのはたったのふたり。そのうちのひとりが中内だったという。しかし、当時は大学に入ろうと入るまいと、戦争が激しくなっていたから、ほとんどの学生は戦地へと召集されていった。

まず、彼にとっての最初の戦いは、厳しい戦場から始まった。

一九四四年、日本が坂道を転がるように敗戦へと向かっているときだった。中内は黒竜江近くに駐屯していた。冬は零下三十度になることなど決してめずらしくない極寒の地であった。そこで、彼は酒ばかり飲んでいる荒くれ者たちに鍛えられ、強くなっていった。

やがて中内のいた関東軍現役部隊は、突然、極寒の北満州から米軍大攻勢下の酷暑の南方へ送られることになった。ところが、制海権を失った日本軍は惨めであった。

釜山から目的地に向かう途中、兵員を運ぶ輸送船団の大半が撃沈され、部隊は壊滅状態に陥ってしまったのだ。が、中内の乗った船は、かろうじてフィリピンのマニラにたどり着くことができた。

だが、本当の地獄は、実はこのときから始まる。米軍の猛攻撃の前に敗走を繰り返す日本軍は、散り散りになって、山中に逃げ込んだ。戦うにも満足な武器もなく、食料も底をついていた。

死と飢餓の恐怖にさいなまれながら、兵士たちはウジや昆虫をつかまえては食べた。木の根はいうに及ばず、靴の底すら食料になった。が、やがてそれらも食べ尽くすと、ついに戦友の人肉を食べる者まで出てきた。

このときの体験を中内はこう語る。

「フィリピンの戦場で、私は飢えた戦友に食われるか、眠らないで死ぬかの極限状態を体験した。結局、友を信頼して眠るよりない。徹底的な人間不信のなかから、人間を信頼することを学んだ」

戦争が終わって、中内は米軍の捕虜になった。しかし、ここでも戦いがあった。伊藤、鈴木、山下、田中といった名字の兵隊は、すべて銃殺された。よく知られた日本人の名前だったからである。日本軍の大将と同じ名前だから縁戚だと思われたのかもしれない。彼は助かった。ナカウチという名前は、米軍では知られていなかったからである。

「私は中内という名前だったから助かったのです」と彼は当時のことを語る。

この厳しい人生哲学をもって、中内は復員し、その経験を商売哲学へと結実させていった。

復員して家に戻ると、家業の薬屋を弟とともに手伝うことになるのだが、やがて商売のやり方をめぐって父親や弟と対立し、家を飛び出す。そして、ひとりで商売を始めたのである。

その戦闘的商法を示すこんな例がある。

ダイエーが薬品問屋として創業してまもない頃だった。

中内は、「女と麻薬以外は何でも売ります」という猛烈な営業方針のもとに、既成の流通体制のルートを無視して、現金仕入れであらゆる商品を買い叩き、しかも極端な安値で売りさばいた。

このためにダイエーのあった地元商店街はパニック状態になった。そして生意気なダイエーをぶっつぶせ、とばかり反ダイエーのノロシをあげ、大騒動になった。

だが、中内はひるまなかった。逆に、不敵にも騒ぎまくる商店主に向かって次の言葉を突きつけたのだ。

「騒いでくれればくれるほど、こっちの宣伝になって結構だ」

以後、中内はさまざまな既存勢力にかみついていく。商売の神様といわれた松下幸之助率いる松下電器にも戦いを挑んだし、花王石鹸という業界の大手とも戦った。そしてそのたびに、ダイエーは急成長していったのだ。そして、とうとう三百年の伝統を誇る三越を追い抜き、流通業界のトップに躍り出たのである。

中内はまさに、「食うか、食われるか」の戦いを自ら選んで、商売に励んだ。彼は、そのことに関して、こういっている。

「我々にとって、平和とは次の戦争のためのものである。だから、いつ、戦争があるかわからない。毎日が危険である。経営者は、危険をつくる人でなければならない。会社は一歩間違えれば、つぶれるものなのだから」

自ら、固定観念を打ち破り、わざわざ戦場に出かけ戦いを挑む。そうした体験を通して、自分の想いを実現していく。

しかし、彼の場合、それだけではなかった。彼はつねづね、こういっていた。

「私はどこよりも安く、同じ値段ならどこよりもよいものを提供することで、社会に貢献しているのだ」

闘争心だけでない、彼のこうした奉仕の精神が「宇宙の心」によい種をまき、繁栄をもたらしたのだ。

私たちの日常にその教訓を生かすには、どうしたらいいのだろうか。

あなたがサラリーマンなら、明日、会社がつぶれ、家族ともども路頭に迷うかもしれない。そのとき、一家を支える力があなたに本当にあるだろうか。そう考えたら、会社のなかにあなたがいると考えていたのでは遅いということに気づく。あなたがまずあって、そのあなたが会社に所属しているのだという気持ちを持つことだ。

そうでなければ、あなたは先の兵士の輸送船団のように、船が撃沈されたら、家族もろとも海の藻屑《もくず》と消えてしまう。

あなたがまず、力を持っていなければならないのだ。

それには、自分で自分の仕事をつくっておかなければならない。それが自分を背水の陣へ追い込むということではないだろうか。

そのときに、「何いってるんだ。会社はつぶれっこないよ」と思いながら、「ああ、金持ちになりたいな」と思っても、その願いがかなうわけもない。

「食うか、食われるか」

この言葉を本気で信じられたら、いまからあなたのやることはちがってくる。すべてが明日の戦いに備えたトレーニングになるのだ。

しかし、そこには同時に、中内が社会に貢献することを願ったように、奉仕の精神がなければならない。

この言葉は、自らそうした気持ちを込めていくことで、明日からの仕事に立ち向かっていく過程のなかで、いつの日か言霊にまで高まり、夢をかなえる闘志となるのだ。

究極の開き直り「よし！　こうなったら……」

先の中内㓛のように、自らを窮地に追い込み、願望を達成することは、なかなかできることではない。

わざわざ人を敵にまわし、憎まれることを覚悟で戦いを挑む勇気は、彼のように、戦争によって死線を越えた人間だから、できることかもしれない。

「そのぐらいの気構えがないと、戦いには勝てないかもしれないけど、自分にはそんな自信はないな」

こういう人が圧倒的に多いのではないかと思う。なぜなら、そこまで自分を追いつめてまでの成功を多くの人は望んでいないだろうからだ。

それは、多くの人が「常識」のなかで、生きているからである。しかし、常識も成功のためには大敵になることもありうるのだ。

「みんながでぎない」という。だから「できっこない」と考える。これが常識である。しかし、常識にこだわっていたら、そこに何も生まれてこない。

ライト兄弟は、人間が空を飛ぶことはできないという常識を打ち破ったからこそ、飛行機を発明したし、ガリレオは、たとえ牢獄に入れられても「それでも地球は回っている」といった。

私たちはそこまでいかなくても、なにもすべて常識の範囲内で生きていかなければならないということはない。

それでは、人間は生まれてから、まったく人生の醍醐味を知らないで、一生を終えてしまっていいのかということになる。勇気を出して、世の中の常識に挑戦し、ぜひ成功を手に入れてもらいたいのだ。

だが、そうした勇気のない人たちのために、実はいい方法がある。

それは、「よし！　こうなったら」という言霊を使うことである。

挫折があるたびに、その苦境のなかでの開き直り、自分自身を立て直すときの言霊である。常識を重んじる人たちにも、やはり苦境は訪れる。そんなときに、この言霊はかなり有効である。

実際、これを使って大成功を収めたと思われる起業家が存在する。

それは、最近、「役職は閑職にして、これからは宗教の道に進みたい」といって話題になった実業家、京都セラミック会長の稲盛和夫である。

彼の人生は、まさに「よし！　こうなったら……」の連続であった。

稲盛は一九三二年、鹿児島の城西町で生まれた。

戦争が終わる一九四五年、彼は十三歳であったが、そのとき、彼は一回目の挫折にあった。それは、希望する中学の受験に失敗したことであった。さらに悪いことに、稲盛少年は受験勉強の無理がたたったのか、当時、死病と恐れられた結核にかかってしまったのだ。多感な少年時代に、中学受験の失敗、そして不治の病といわれた結核、さらには追い打ちをかけるような日本の敗戦……。

稲盛でなくても、誰でも挫けそうな最悪の状況である。

彼の前途はまっ暗だった。

そんな失意の日々のなか、彼はある宗教書に出合った。その本のなかには、「宇宙に存在する無限の力に目覚めれば、病は治り、人生は大きく発展する」という意味の言葉が書き連ねてあったという。

稲盛少年は、藁《わら》にもすがる思いで、その宗教書を読みふけった。

いわば、真理に目覚めた彼は、奇蹟的にも結核を克服したのである。

中学受験の失敗、病魔との闘い……。まさにダブルピンチを乗り越えた稲盛であったが、天はまだ彼に実にたくさんの試練を与えた。

やがて戦争が終わり、新制高校の時代になり、彼は高校に入ることになった。ところが、ここで父は反対した。家が貧しいのだから、高校進学などとんでもないというのである。いまとは時代がちがう。戦争直後、すでに義務教育を終えた息子は、すぐにでも働くのが常識であった。

これに対して、彼は必死で父親の説得を試みた。

「アルバイトをします。もちろん、家の手伝いもします。自分で働いた金で授業料を払いますから、なんとか高校に行かせてください」

こうして高校入学を果たしたものの、そんな状況のなかでは、次の大学進学はさらに困難をきわめた。大学受験とか進学という言葉を口に出したら最後、父親に殴られるかもしれない。

事実、彼が夜こっそりと受験勉強をしているのに気がついた父親は、烈火のごとく怒ったのである。

「ああ、今度こそ、あきらめるしかないか」

そう思った彼に、外部から援助の手が差し伸べられたのだ。高校で彼に数学を教えていた先生が、稲盛少年の情熱を知り、わざわざ家まで来て、頼んでくれたのだ。

「お父さん、私に和夫君を預からせてください。私が大学に進学させます」

高校の先生にそうまでいわれてしまっては、さすがの父親も一方的に反対はできなかった。そこで奨学金とアルバイトで学資をまかなうことを条件に、大学進学を許したのである。

しかし、これでうまくいったわけではない。彼は目指す大阪大学医学部には失敗。地元の鹿児島大学の工学部にしか入学できなかった。

次の試練は、就職であった。

「よし！　こうなったら、志望する会社に入社するぞ」

彼はそう意気込んだが、これまた見事に失敗。入社希望の大会社からはことごとく見捨てられ、結局、電気製品に使う碍子《がいし》をつくる会社に就職した。

しかし、この会社はまったく不景気で、社員もやる気がなく、銀行から社長が派遣されているくらいのひどいありさまであった。

そこで、彼は思った。

「よし！　こうなったら、ここでひとがんばりしてやろう」

常識で考えれば、そんな会社を辞めればいいことだった。しかし、彼のこれまでの常識破りの負けじ魂が、ここでも発揮された。それが「よし！　こうなったら……」という言霊だった。

彼は猛烈に働いた。会社のためというよりも、自分のために働いた。

この会社が一流会社であったなら、きっと彼はここまで働かなかったかもしれない。いや、むしろ、働く機会や場所をこれほど与えてくれなかったかもしれない。

会社の置かれた環境があまりよくなかったからこそ、「よし！　こうなったら、とことんやってやろう」という気持ちが彼を動かした。

そして、メキメキ頭角を現し、周囲から熱い眼差しを受けるようになり、やがて、彼がつくる製品を大手メーカーが買ってくれるまでになった。すると会社は、いい気なもので、もう一段いい製品をつくるために、もっといい大学を出た優秀な技術者を入れるといいはじめた。

そのときの社長の言葉を稲盛は一生忘れない。その社長はこういったのだそうだ。「お前の頭では間にあわないから、もっと優秀なヤツを入れる」――。

彼はその会社を退社する決意を固めた。そのとき、彼より三十歳近くも上の人たちふたりが、「会社をつくれ」「お前のためなら援助を惜しまない」といってくれ、二十七歳で京都セラミックを設立したのである。

それにしても、彼の将来性を見込んだ人たちも立派である。

彼の人生を見ていて、ひとつ大事なことに気づくだろう。

彼は、ごく普通の人と同じように、一流大学、一流会社を目指していたのである。それが、ことごとく失敗した。そういう人は、この世の中にたくさんいると思われる。

しかし、そういう人と稲盛には、ちがうことがひとつだけある。

それは、先に書いた「よし！　こうなったら……」という想いである。これは果てしなく前向きな想いである。

志望する大学に入れなかった。志望する一流会社に就職できなかった。一流会社に入ったが望む仕事につけなかった……。

こうしたときに、人は悪いほうへ考えがちである。

「どうせ、俺は三流の人間だから、こんな会社でいいんだ」と。

これでは、決して、夢は実現されない。前に述べたように、マイナスの想いは、マイナスの人生を引き込むからである。

そんなときに、稲盛のように、「よし！　こうなったら……」と考えることである。

「よし！　こうなったら、一流大学出のヤツより成功してやろう」

「よし！　こうなったら、自分の力でこの会社をでかくしてやろう」

「よし！　こうなったら、自分で会社を興してやろう」

いわば、いい意味の開き直りである。

いまさら、悔やんでもしかたがないことが世の中にはたくさんある。受験だって、勉強ができる生徒が必ず受かるというものでもない。まして就職など、運がかなり左右する。

そう考えれば、たとえ志望する会社に落ちたところで、いまの現実をしっかりと把握すべきである。

そして、ひたすら「よし！　こうなったら……」と思うことである。

この想いは必ずや、言霊になることは間違いない。

稲盛和夫は、以前から「六十五歳になったら宗教の道に入りたい」といっていた言葉どおり、きっと、京セラの成功とともに、「よし！　こうなったら……」と思って、さらに次の世界へと進んでいくにちがいない。

宗教心「そうなるべき運命にある」

これまで多くの人の実例を出して、その成功の秘密である言霊を探ってきたが、最後にもうひとつだけ、いままでのパターンにない成功者を紹介しよう。

それは急成長したヤオハン・グループ会長の和田一夫である。

生い立ちその他、細かいことは省略するが、一九七〇年の四月、ヤオハンはブラジル・サンパウロに海外支店第一号店をオープンさせた。ほかの大手スーパーが資本力にモノをいわせ、日本で全国展開を試みたため、太刀打ちできず、活路を海外に求めようとしたからである。

苦難の末オープンしたブラジル店は当初、予想外の好評を博し、順調な売れ行きを見せた。気をよくしたヤオハンは店舗の拡張に着手し、隣接地を買収、売り場面積を三倍に増やした。その結果、ヤオハンのブラジル店は売り上げ百億円を超える、サンパウロ一のショッピング・センターに成長したのである。

しかし、好事魔多しのたとえどおり、ヤオハンに思いがけない危機が訪れた。世界中を騒がせたオイル・ショックがこのブラジルにまで押し寄せたのである。ブラジルのインフレはすさまじく、一年に六十パーセントも物価が上昇、その結果、消費は冷え込み、商品がまったくといっていいほど売れなくなってしまったのである。

また、ヤオハンは店舗拡大を、銀行の融資でまかなっていたため、その返済も利子が利子を呼び、雪ダルマ式に増えていった。

まったく予期しなかった異常事態のために、ヤオハンはなすすべもなく、ブラジル撤退を決意しなければならなかった。

そんな折、シンガポールに出店しないかという話が舞い込んできた。

ブラジルでうまくいかなかったのに、すぐにシンガポールに店を出すのは危険だという声が役員会のあちこちであがった。

そのとき、和田は役員会でこういった。

「みなさんの反対の理由は大変によくわかります。たしかにシンガポールに出店するのは見合わせたほうがいいと私も思います。けれども、シンガポールから再三にわたって出店の依頼がきています。何度断っても、出店してほしいといわれます。日本のほかの企業はすべて断りました。時期が悪いといいました。しかし、これは何かの運命です。儲けについては考えていません。やるべきときにはやりましょう。ヤオハンはシンガポールに出店するように定められているのです」

これが、和田の宗教心であった。

常識的に考えたら、こんな世界的に不況のとき、しかも自分のブラジル店が倒産しようというときに、ほかの企業が断っているシンガポール進出をすることはない。ところが、和田はそこに、何か見えないものに動かされている自分を感じた。

そして、彼は出店を決意。それがまた、ヤオハンのアジア進出の第一歩になったことはいうまでもない。

このときの言霊は「そうなるべき運命にある」である。

イスラム教でいうところの「インシャラー」。すべては神のみぞ知る、というのがそれである。神の思し召しによって、人間は生かされているのだから、運命のまま生きていけばよいというのがイスラム教やキリスト教の考えである。

和田一夫は、この宇宙からのメッセージを聞き、出店を決意したのである。

私たちも、苦境に立たされたとき、自分がこの「そうなるべき運命にある」と思えたら、そこからまた何かが始まり、流れが変わる可能性も出てくるのではないか。

たとえば、会社でリストラの影響から、子会社に出向を命じられるケースもままある。そんなとき、「ああ、私はもうダメだ」と思った人と「私にもう一度、天はチャンスをくれた」と思う人では、まったくその後がちがってくるのは明らかである。

それがチャンスだと思えれば、やりたいことをやればいいのである。これまでに、親会社では組織が大きすぎて小回りがきかなかった作戦も、自分が中心になることによって、可能になるし、なにより、目の前に新しい可能性が生まれたと思えばいいのである。

私の知人で、子会社に出向になって、まったく子会社の社員の力を借りずに、親会社時代に培った自分の外部ブレーンと協力して、新しいプロジェクトを企画、開発し、見事に成功させた人がいる。

彼は、まさに「天が与えてくれた最後のチャンス」だと私にいった。そして、いままでは親会社から役員として戻ってくるようにいわれたが、彼はかたくなに拒否し、この仕事をさせてくれる子会社のために、最後まで力を尽くすと宣言し、子会社の社員たちに感動を与えている。

また、和田一夫は次のようにもいっている。

「人間の感じ、何となくその人につきまとっている空気、明るいとか暗いとか、温かいとか冷たいとかいうような、その人の人格の空気のようなものは、いったいどこから来るのであろうか。それはその人の全人格から来るものである。全人格というのは、表面の自覚に表れるだけでなく、全体の心、傾向の心、習慣の心それ全部を含めて、全人格が出てくる……」と。

与えられた運命をプラスととるか、マイナスととるか。これによって、人生そのものが変わってくる。人格すべてが変わるのだ。

難関を乗り越えた体験が強い「言霊」をつくる

このように、多くの成功者たちは、いくつもの難関を乗り越えて成功している。

逆にいえば、難関があったからこそ、成功者になれたというべきかもしれない。しかしその難関を越えられたのには、共通した理由があった。

それが、この本の冒頭で書いた、

「成功者と呼ばれる人は、言葉の選び方を知っている」

ということである。

「食うか、食われるか」にしても、「よし！　こうなったら」にしても難関に出合ったとき、ただ「苦しい」と叫ぶのではなく、そうした言葉を「言霊」にすることさえできれば、そのパワーによって難関を突破できるということを教えてくれている。

この本では、わずかな成功者の例しかあげることはできないが、サクセス・ストーリーを読めば、間違いなく、多くの人は、その人なりの言霊を使っていることに気づく。

いわば、成功者が難関を突破してきたというよりも、言霊を使って難関を突破してきたからこそ、成功者なのである。

ということは、言霊は孫悟空の如意棒《によいぼう》のようなもので、持ってさえいれば、いつだって巨大なエネルギーを呼び起こし、奇蹟を生んでくれるのである。

過日、私のところに三十代の男性読者がやってきた。

彼の実家は小さな中華料理店で、親が脳梗塞《こうそく》で倒れたため、いまは彼がやっているのだが、忙しいばかりで、少しも経済的に楽にならないという。

「とびきり腕が立つというのなら、別でしょうけど、私はそれほどの腕もないし、その日暮らしで精いっぱいなんですよ。いまのままじゃ、発展のチャンスもないし、ましてや金持ちになる可能性なんてさらさらないですしね……」

この話を聞いた私は、ここぞとばかり反撃した。

「失礼だが、結局、あなたの気持ち次第だと思います。世の中の人は、大なり小なり、みんな、金持ちになりたいと思っています。だけど、どの人も『金持ちになれたらいいなぁ……』としか思っていない。いくら必死になって願ったところで、『どうせダメに決まってる』と思っている。それじゃ、いつまでたっても成功しませんよ」

彼は、不満そうに本題に入ってきた。

「でもね、先生、意欲だけで金持ちになれるなら、誰だって苦労なんかしませんよ」

私は、少し声が大きくなったかもしれないが、はっきりといってあげた。

「あなた、余計なことかもしれないけれど、『何が何でも、金持ちになってやる』と思ったことはないでしょう。これから、本当に成功者になりたいのだったら、『いまに見てろ！』と思っていなさい。しかも、それを毎日、口に出してみなさい。『ちくしょう！やってやる！』っていう言葉だっていい。そうした言葉で、心のなかをいっぱいにしてごらんなさい。きっと、成功しますよ」

しばらくして、彼から電話があって、驚いた。

彼は、「いまに見てろ！」と毎朝、何十回もいっていたら、ふと、横浜だけで食べられているサンマーメンという「広東麺」を「ハマソバ」という名前でメニューに加えることを思いつき、焼売《しゅうまい》を具にして大評判になっているという。

「先生も、食べにきてくださいよ」

最後の言葉がとても明るかったのが、うれしかった。

彼の「いまに見てろ！」という言葉が、いつの間にか信念に変わり、言霊として成功を運んできた。

中内功や稲盛和夫に比べれば、彼の苦労などたいしたことではないかもしれない。だが「宇宙の心」は、すべての人に共通している。逆にいえば、誰でもそこから奇蹟を連れてこられるのだ。

そのためには、どんな願いでも、まず「言霊」にすることだ。そして、その言霊の力を借りて難関を突破し、さらに大きくジャンプすることが、人生をより豊かにおもしろくすることなのだ。

かくいう私も、いくつもの難関を言霊の力を借りて乗り越えてきた。次章にその話を述べていこう。

第3章

私が成功哲学を語るのはなぜか

奇蹟の連続だった私の半生

私が、機会があるたびに、多くの人に想念の重要性を語り、人生を豊かにするカギは「言霊」にあるということを伝えているのには、それなりの理由がある。

それは、私がこれまでの人生のなかで、実際、自分が願ったことがすべて実現したからである。傍《はた》から見れば、「無理だ、あきらめろ」といわれるようなわずか一パーセントの可能性すらないことでも、強い願いによって、次々に奇蹟が起こった。振り返ってみると、これまでの私の人生には数多くの奇蹟があったが、なかでも印象深い「七つの奇蹟」がある。本章ではこの七つの奇蹟をお話ししていきたい。

本来なら、そうした自分に関することをおおっぴらに書くのは憚《はばか》るべきことだが、いい機会なので、その奇蹟がなぜ起こったのか、ここで検証してみよう。

私は一九二九年、台湾の台南市に生まれた。

日本の年号でいえば、昭和四年である。

台南市は、いまは人口六十万という中都市になっているが、当時でも三十万の人口だったから、台北に次ぐ台湾のにぎやかな都会のひとつだった。

私が生まれた当時の台湾は日本の領土で、ほとんどの人が日本語を話し、日本人もかなりたくさん住んでいた。日の丸があらゆるところにたなびき、日本の神社もあった。そうしたなかで、私はほかの台湾人と同じように、日本人としての教育を受けて育った。天皇陛下と皇后陛下の写真が飾られ、その写真の前に来たら、きちんとお辞儀をしないと大変に叱られた。

そんな台湾で生をうけた私は、生まれつき虚弱体質で、戦争による栄養不良も関係したのか、十四歳のときの体重はわずか二十五キロしかなかったほどだった。

いくら戦争中でも、これはやせすぎである。その当時は、いまのように栄養学も発達していないから、多くの子供が死んでいくこともあって、私にも死の影がいつも宿っていた。実際、いつ死んでもおかしくないほどで、家族もまた、私は長く生きることはないだろうと思っていたようだった。

私自身も、連合軍の空襲を受けながら、骨と皮の体のまま、何度もこのまま死んでいくのではないかと思っていた。

やがて、日本の敗戦によって、戦争は終結。

そして、台湾は中華民国の領土となったが、当時の日本と同じように、物資や食糧が大変に不足し、町もたび重なる空襲によって焦土と化していた。私の体はますます悪くなる一方で、このままでいけば、間違いなく栄養不良で死んでしまうと家族も大変に心配していた。

十七歳の頃、親友の家に遊びに行ったとき、私に、たまたま見せてくれたある全集があった。それは全二十巻からなる『生命の実相』（谷口雅春著）という本だった。

当時、物がないうえに、町はほとんど焼けてしまっていたから、本など読みたくてもまったく読める状況ではなかったが、たまたまこの全集は、親友の姉が疎開するときに、大事に持って避難していたため、無事だったというのだ。

私は活字に飢えていたこともあり、この全集をむさぼり読んだ。

この本は、日本では大変な名著で、いま出版されているのは、全四十巻に編まれていると思う。

しかも、その内容は、いまの私の考えの根本になっている人間の生命の神秘を説いたものので、生きることの意味を教えてくれる本であった。

私は、いつ死んでもおかしくない状態だったので、その本の内容はひとつの救いでもあった。死と隣り合わせに生きていると、逆に生きるという意味もわかってくる。私はぐいぐいその内容に引き込まれていった。

読みはじめると不思議なことに、それまで恐れていた死というものが、まったく怖くなくなっていった。むしろ、生を楽しめるくらい、心が元気になってくるのを感じた。

いま考えてみると、そのとき、私に初めて希望が生まれた。

「人間は、やるべきことがあるから生まれてきたのだ」

私は、その本を読んで、強くそう思った。そして、不思議なことに、一度感銘を受けた私は、性格まで明るくなった。

人間は生きなければならない。私は自分がこの世に生まれてきた意味を知った。

そんな私に、最初の奇蹟が起こったのである。

そのとき、私は高校二年生であった。私は勉強はよくできる生徒で、特に数学はクラスの誰にも負けなかった。しかし、相変わらずやせていて、当時の体重は、いまでもよく覚えているが、三十二キロだった。

これはまるで、小学生と同じ体重である。手足はいまにも折れそうに細く、胸はあばら骨が見えるくらいゴツゴツしていた。母は、そんな私が不憫《ふびん》だと思ったのか、私を連れてはいろいろな医者を訪ね、また、あの薬がいいと聞けば、わざわざ遠くの薬局まで出かけていっては、薬を買ってくれた。その甲斐があったのか、体重は、微増だったが三十四キロまで増えた。

しかし、私は『生命の実相』を読み、人間は表面的な体だけではなく、奥底に魂が存在していることを知っていたから、以前ほど、体が虚弱であることを苦とは思わなくなっていた。

死の思いから逃れはじめた私に、とても象徴的なことが起こった。

それは、学園祭だった。

私が通っていた学校は、歴史が古い学校だったので、私が三年生のとき、その歴史を祝う学園祭が行われ、私たち生徒は体育のデモンストレーションのひとつとして、人間ピラミッドをつくることになった。

私はやせてはいたが、鉄棒や逆立ちなどが得意だったせいもあって、そのメンバーに選ばれた。以前の私であれば、そうしたデモンストレーションなどに出場する勇気もなかったが、生きる希望がわいてきたこともあって、積極的に練習に参加した。

練習といっても、実は生半可なものではなかった。日本からの独立を祝い、各界の有名人や多くの卒業生たちの前で演技をするというので、先生たちの指導には力が入り、その練習は二カ月にも及んだ。学校の授業が終わると、選ばれた選手たちが一堂に集まり、毎日、毎日、腕立て伏せをはじめとした筋肉のトレーニングが続いた。

「強い体になりたい」

「これから生きていくのに最低限必要な体力がほしい」

私は心のなかで、必死に熱望しながら、トレーニングを続けた。

その練習は虚弱体質の私にとって、肉体的には非常にハードであったが、なぜか大変楽しかった。

「もしかしたら、死ぬかもしれない」とずっと思いつづけていた私が、このトレーニングで汗をかくことによって、それまでの気の病がどんどん消えていくような気がした。心のなかの悪いものが、ひとつひとつ汗となって、体外に出ていくような気さえした。

心のなかにある絶望のかけらが、小さな汗の粒とともに排泄《はいせつ》されていくような、目に見えない世界を感じとれた。

まさに、私は潜在意識の存在に目覚めたのである。いま、考えてみると、この潜在意識への目覚めが奇蹟への第一歩だったのかもしれない。

母は、廟《びょう》へお参りに行っては、私の体の安否を気づかっていた。

「どうか、息子の体が丈夫になりますように……」

母は、毎日、心から祈っていた。

学園祭は無事に終わり、デモンストレーションも大変にうまくいった。しかし、不思議なことに、その訓練が、いつの間にか私の肉体を変えたのである。

私の体重は、わずか二カ月の間に十キロ以上も増えたのだ。そして、四十五キロまでになった。たしかに、肉体的訓練によって、体重が増えたこともあるだろうが、それにしても、わずか二カ月の間に、一挙に十キロも増えたことは驚きだった。

これが、私に起こった第一の奇蹟である。

「アカ狩り」から私を救ったこれらの偶然

私は、体力に自信がつくと、希望はますます広がり、いままで「行けたらいいなぁ」と思っていた大学進学が、可能かもしれないと思うようになってきた。

そして、私は、半年間の猛勉強の末、台湾大学に入学できた。

第二の奇蹟は、その大学時代に起こった。

台湾大学二年生のとき、当時、台湾に白色テロの嵐が吹き荒れた。共産主義者とみれば徹底的に追いかけ、ことごとく投獄する粛清、いわゆる「アカ狩り」である。

その嵐は私たち学生にも襲いかかり、多くの学友たちが逮捕された。私は当時、大学の寮から通学していたが、そこにまで特別警察の手が及んでいた。

逮捕されると共産党員は銃殺刑である。私は共産党員ではなかったのでリストには入っていないはずであったが、友人が何人も逮捕されていたので、私にも共産主義者の疑いがかかっていたようである。

ある朝、寮の六人部屋の入り口に「謝世輝はいるか！　謝世輝は」と私を呼ぶ声が響いた。部屋には友人がまだかけっぱなしの蚊帳《かや》があり、奥にいる私の姿は、部屋の入り口からは見えなかった。しかし、私の名前を呼んでいるので、いまにも出ようとしたその瞬間、同室の友人があわてて、「い、いない！」と叫んだ。

私を捜していた二人組の男たちは、何事もなかったように寮を出ていった。

私の名前を呼んだのは、私を取り調べるために訪れた特別警察だと、別の友人が知らせてくれた。彼は特殊な仕事の関係上、特別警察官の顔をよく知っていたから、私たちの部屋を訪れてきたときにすぐにわかったという。

私を逮捕しにきたと聞いて、私はとっさに「いない」といった友人に感謝した。もし彼の返事が一秒遅れていたら、私は逮捕されていたのである。実は彼自身も、いつ逮捕されるかと戦々恐々だったのだ。

私は、いつ特別警察がやってくるかわからないため、寮を抜け出し、友人の家に一カ月ほど厄介になっていた。そして、夏休みが終わり、私はいったん学寮に戻った。その頃にはアカ狩りの嵐は沈静化しつつあった。

もし、あのとき、それらの偶然がなく、私が名乗り出たら、きっと二十年は投獄されていたにちがいない。友人のあわてたための返事と、無精者ゆえ吊るしっぱなしだった蚊帳のおかげで、私はいまこうしていられる。

まさに奇蹟以外の何ものでもなかった。

届かなかった運命の手紙が私を日本へと導いた

私の専攻は物理だった。高校に入ってから物理が好きになり、偉大な科学者になることが夢だった。

そんな折、一九四九年、日本の湯川秀樹氏がノーベル物理学賞を受賞した。これは、戦争で疲弊した日本人を励ますのに十分なニュースだったが、私にとっても大変な出来事だった。

当時、日本の素粒子論を研究している物理学者は、貧困のなかにも情熱を持って研究に取り組み、続々と世界的な成果を上げていた。湯川秀樹氏のノーベル賞はその象徴的なひとつの出来事であった。私はこのような日本に憧れ、日本に留学することにしたのだ。

いまとちがって、留学するのが大変な時代である。それでも私は、なんとしても最新の理論を学んでみたかったのである。

その頃、同じ物理学を学ぶ友人たちのなかには、アメリカ留学を考える者がいて、私は知らなかったが留学の申請をしていた。

そして一九五三年、私も、ある友人からアメリカの大学へ留学しないかと勧められた。それまで日本留学のみを考えていた私だったが、同年三月、ようやくアメリカの大学に申請することを決意した。そして大胆にも、素粒子部門では一番といわれていたシカゴ大学に申請してみることにした。当時、シカゴ大学物理学科は、ノーベル賞受賞者が数多くいたからである。当時の中華民国はアメリカの支配下にあったから、アメリカの大学なら、入学許可書さえあれば、なんとか留学も可能だったのである。

とはいっても、なかなか思うようにはいかないものである。どんなに待っても、アメリカから入学許可の返事は来なかった。

やむをえず、私は私費留学ということで、日本への留学の手続きを進めた。どこか私を留学させてくれる大学はないかと、見ず知らずであるにもかかわらず、日本の有名な科学者、菅井準一先生に勝手に手紙を書いていたのだ。親切な菅井先生は、方々あたってくれて、湯川秀樹氏の弟弟子の坂田昌一先生を紹介してくれた。

この人は、日本人では湯川氏の次にノーベル賞をとるだろうといわれていたほどの優秀な学者で、当時、名古屋大学の物理学科におられた。

菅井先生から名古屋大学理学部長を紹介してもらったので、私は必死になって理学部長に手紙を書き、名古屋大学に留学するための方法を尋ねた。理学部長の手紙には、とにかく本人が名古屋大学の試験にまず合格しなければ入れないと書いてある。しかし、受験したくても、当時の台湾では、外国に出ることすらむずかしいのだ。台湾政府のほうでは、アメリカの大学のように、入学許可書が届き、それが本人であることが確認されれば、出国を許可するという。

だが、日本の大学は、本人が入学試験を受けに来なければ、入学は許可しない。私はどうしていいかわからなくなった。名古屋大学を受験するためには、出国しなければならない。そのためには、大学の入学許可書がいる。堂々めぐりである。

そのとき、私は「言霊」を使った。私はそれを母に教えてもらったのだ。母は昔から、そうした目に見えない世界を信じていたから、とにかく「願いを強い言葉にして、いつも祈れ。そうすれば必ずや、願いはかなう」と信じていた。

実際、私の虚弱体質も、母の想念のおかげで快癒したのかもしれないとも思っている。

私は母のいうとおりにした。物理学を専攻しているのに、そうした迷信を信じるのはおかしいとは思ったが、この堂々めぐりを解決するのには、それしか方法はなかった。

私は、必死の想念で「日本に留学するぞ！　絶対、名古屋大学に入学するぞ！」と祈りつづけていた。母もまた、私の願いをかなえさせたいと、廟通いを続けた。

するとまた、ここでも、絶対に起きないような奇蹟が起こった。

それから二カ月後、名古屋大学から入学許可書が届いたのである。受験もしていないのに入学許可書が出るわけもない。いわば偽の許可書であった。理学部長がどう工夫してくれたのか、受験許可書を入学許可書に名前を変えて、出してくれたのであった。

私も母も喜んだ。

「これで、日本に行ける！　日本で勉強できる！」

私は母の願いを背に、勇躍日本に向かった。一九五三年十二月二十九日、私は東京に着き、名古屋に着いたのは翌一九五四年一月六日、私が坂田先生を訪れたのが一月十日過ぎ。そのとき、「一月二十五日に大学院入試がある。明日が申し込みの締め切りだ」といわれた。間一髪の滑り込みだったのである。

幸い、私は名古屋大学の大学院試験に合格した。

実は、ここで皮肉な運命のいたずらをひと言つけ加えておきたい。

私が台湾を出る数日前にアメリカのシカゴ大学から、私宛ての奨学金つき留学許可書が届いたのである。それは、すでに六カ月前に発信されたものであった。何かの手違いが起こったのだ。

もしもそのとき、アメリカ留学をしていたら……。当然、現在の私はなかったであろう。

これが、私の人生に起こった第三の奇蹟であった。

運命との苦闘の末、理学博士になる

次の奇蹟は、名古屋大学の大学院生のときに起こった。

その年、大学院の素粒子論研究室には私を含めて、新入生が五人入った。

もちろん、ほかの四人は日本人だった。私は、ようやく留学できたこともあって、毎日、一生懸命だった。しかし、この一生懸命さはある意味では研究室のチームワークを乱してしまっていた。

大学院に入ってから一年後、論文を作成するため、同期の仲間たちはそれぞれ協力的な先輩を持ち、いろいろと教えてもらっていたが、私はわがままだったためか、誰も教えてくれる人はいなかった。

しかたがないので私は必死になって研究テーマを探した。そして選んだのが「重陽子の光分解」という、当時未解決だったむずかしいテーマだった。つまり仲間たちから見ると、身分不相応なテーマを私がやろうとしているということだ。

しかも、名古屋大学にはその分野の専門家もいなかった。私はもともと人を頼りにはできない、と思っていたから、仲間はずれにされるのは何でもなかったが、ひとつだけ困った問題があった。

当時、電卓もコンピュータもない時代で、電動計算機はあったものの、数が少なかったこともあって、私には手回し計算機しか貸してもらえないことだった。手回し計算機は計算すべき数字を入力するのもひと苦労という代物だった。

数少ない電動計算機は、もちろん先輩たちが使っているし、空いていれば、ほかの仲間たちが次々と借りては、計算をしている。

しかも、そのうえ私はアルバイトで生活費も稼がなければならなかった。そこで、いい方法を考え出した。

夕食がすむと私はアルバイトに出かけ、そして夜中に仕事が終わると、ひとり研究室に戻り、みんなが使わない電動計算機を使って、研究を進めたのだ。

このときの私の想いは尋常ではなかったと思う。

それこそなりふりかまわなかった。中国人というハンディがあるうえに、さらに自分のわがままから、仲間がひとりもいない。たったひとりで夜中に電動計算機を回している自分の姿をいま思い出しても、悲壮感でいっぱいであった。

「人のやれないことをやらなければ、留学した意味がない」

私の想いは、ますます強くなっていった。苦しいことがあればあるほど、その想念は堅固になっていった。

さらに不利なことに、私は生まれつきの虚弱体質だった。いつ死んでもおかしくない体なのだから、一刻の猶予も許されなかった。

「一刻もムダにするな」

私は、必死で研究を続けた。いま考えても、あのときの執念はすごかったと思う。こんな若者が中国からやってきたのだから、かなり仲間たちはペースを乱されたことと思う。

その結果、普通ならできそうもない論文を五本書き、一九五九年にはとうとう待望の博士号を得ることができた。

これが私に起こった第四の奇蹟であった。

専門を世界史に変えた理由

一九五九年、名古屋大学の大学院を卒業し、博士号を手に入れた頃から、私は別のことを考えはじめた。

私が台湾出身ということで、かなりハンディを背負っていたこともあるが、当時の科学技術はすべて先進国のみに貢献し、私たちのような第三世界の発展にはまったく貢献していないことに気がついた。

いわゆる南北問題である。北半球の国々が南半球の国々から搾取して科学技術を発達させ、結局は北半球の先進国だけが、どんどん発展していく構造に対して、私は大変に憤慨しはじめたのだ。

しかも、当時の科学の歴史を見ても、ほとんどがヨーロッパ中心で、発展途上国はまるで科学と縁がないように教えられている。それは本当なのだろうか。私には素朴な疑問がわいてきたのだ。

なぜなら、ヨーロッパの科学は、大航海時代から始まっているといっても間違いではないし、それ以前は当然、中国やイスラム諸国における科学が中心であったはずである。天文学、数学、物理学、化学、医学など多くの重要なことのすべてがアラビアや中国から始まっているにもかかわらず、そうしたことは一切無視して、すべてヨーロッパから科学の夜明けが始まっているように思われているのだ。たまらなく偏見に満ちていると思ったのである。

そこで、私は、物理学と同時に科学史を研究しはじめた。

ここでも、私は、名古屋大学の大学院にいたときのように、ひとりで研究に没頭した。なぜなら、それまでの科学史はヨーロッパ中心であるから、それに逆らう論説を発表することは容易でなかった。

それでも、私の信念は変わらなかった。

「人のやれないことをやらなければ、留学した意味がない」

名古屋大学にいたときと同じように、私の願いは堅固であった。

一九六三年、私は神奈川県辻堂にある相模工業大学の助教授として教鞭《きょうべん》をとり、四年後に教授に推薦された。ここで私は、物理学と科学史を教えた。

一九六五~六七年の間に、私はついに新しい科学技術史の本を二冊書き上げた。また遅れて一九七八年にも『新しい科学史の見方』（講談社）を上梓《じょうし》した。

しかし、科学史を書き直した一九六〇年代末から、私はまた考え直した。新しい科学史を書いたといっても、科学史を読む人はどのくらいいるのだろうか。わずかひと握りの人たちではないのか。それでは、人類に貢献したことにはならない。

その頃、私はヨーロッパ中心史観の世界史に憤りを感じていたので、こうした史観を否定する新しい世界史の創作こそがやりがいのある仕事ではなかろうか、と考えはじめた。

「そうだ！　人類の切実に求める真の世界史を書くのだ！」

科学史ならまだ理系につながる仕事だが、私がやろうとしたことは「理系から文系へ」しかも「世界史の大変革を！」というものだ。いくら私がやりたいと叫んだところで、いったい誰が認めてくれるだろうか。しかも、日本の学界はなおさら、そういうふうに専門を変えることを認めない空気が強いのだ。

しかし、そうした不安を吹き飛ばすがごとく、新しい世界史の構想がしだいに私の頭のなかに形成されていった。そして、研究を始めると、新しい世界史をつくるという情熱が、自分の胸のなかにふつふつとわき上がってくるのを感じた。

「よし、これこそ人類のためにやりがいのある仕事だ！　あえて挑戦しよう！」

と決心したのである。

だが、その頃の私はまだ慢性の下痢に悩まされ、体重は、四十二キロへと落ち込んでいた。

一九七〇～七一年の間、私はいくつかの中小の出版社を訪ね、「世界史の本を書きたい」と申し込んだ。だが、どの出版社も、

「君は物理学者ではないか。どうして世界史の本を書けるのか？」

「物理学者が世界史の本を書いたところで、売れやしないよ」

と、私の念願の企画はどこからも一笑にふされてしまった。私はいくつもの出版社をまわった。その数は十数社だったと記憶している。

けれども、私は決して屈伏しなかった。

いつ、どんなときでも、「新しい世界史を有名な出版社から出すのだ」と、私は強く念じた。そのとき、何が起こったであろうか。一九七一年十二月、講談社の編集者が訪ねてきて、私に新しい世界史をテーマにした本を書くように、申し込んできたのである。これは、『新しい世界史の見方』というタイトルで出版された。

なぜ、このような奇蹟が起きたのだろうか。

それは、私が『週刊読書人』という小さな新聞に世界史評論を書いたのが、偶然、当時の講談社の総編集局長である加藤勝久さんの目をひき、彼が部下に私を訪れるよう命じたのである。

しかし、それにしても常識では考えられないことであった。

これが、私の人生における大きな第五の奇蹟的な運命の転換であった。

ちなみにこの本は六万部売れ、大成功となった。だが、読者から大変な反響があると同時に、学内に亀裂が走った。なぜなら私が物理学教室の主任教授でありながら、世界史などの本を出したからである。

しかし、私の胸は希望にあふれていた。物理学の教授であろうと、台湾出身者であろうと、いいものはいいのである。読者がたくさんいたということは、私の考えを支持してくれる人が多くいるということである。また、少なからず有名な歴史学者の支持を得ることができた。

そのうち、相模工大自体が荒れ出した。経営者と教職員組合の間で、学校経営の方針に関して日夜、討論が続いた。

その会議は、たびたび深夜にまで及ぶ。しかし、経営は乱脈をきわめ、一九七五年夏、大学は教職員のボーナスが出ないという状況にまで追い込まれた。

私も翻弄《ほんろう》され、体も心も消耗してしまった。

一方、一九七一年初め、私は東京・池袋のある書店で、二十数年ぶりにあの『生命の実相』と再会した。

少年時代の私に生きる勇気と希望を与えてくれた、あの全集が書棚にあったのである。

私はその本を手にとり、また一行一行読みはじめた。

その本は、また私に忘れていた大事なことを、思い出させてくれた。

人は何のために生まれてきたのか……。

私は、自分がやりたいことをやるために生まれてきたのではなかったか。

大学の経営に関する紛争と、連日連夜の会議は、私にとって、生まれてきた意味にはほど遠いことであった。

「見えない世界」を語りはじめた

私は再び『生命の実相』を読みはじめ、私の過去と照らし合わせながら、見えない世界のことに目を向けるようになった。

私がいつ死んでもおかしくなかったのに、ここまで生きていることがまず不思議であった。さらに母に子供の頃教えられたように、強く祈ることによって、これまでにいくつもの奇蹟を自ら体験していたからである。

「すべての人間に共通した宇宙」、すなわち「宇宙の心」があることもそこで確認できたし、願いをかなえる言霊のこともあらためて認識するようになった。

だからこそ、先に述べた『新しい世界史の見方』という本を出版することにも成功したのである。

一九七五年夏、とうとうボーナスが出なくなったとき、私は一大決心をした。

「私はずっとこの大学にいることはできない。私は歴史の教授になるのだ！」

そう強く祈ったものの、はたして物理学者が歴史の教授になれるのか、不安であった。

だが、私は自分の信念を曲げなかった。

「客観的に見て、百パーセント不可能に見えても、私は必ず世界史の教授になるのだ！」

と心のなかで強く叫んだ。

私は、大学をいくつも訪ね、教授として採用してくれるよう頼んだ。だが、私は歴史学者ではない。博士号を持っているのは、物理学だけである。そんな教授に世界史を教えさせてくれる悠長な大学はなかった。

しかも、日本の大学には、日本史、東洋史、西洋史などはあるが、「世界史」という講義はまずない。しかも私のいうような「世界史」を講義させてくれる大学は、私の知るかぎり、ただ一校、東海大学しかなかったのだ。

これでは、どこの大学に行っても門前払いなわけである。

しかし、私は挫《くじ》けなかった。こうして信念を持ちつづければ、必ずや願いは実現すると思っていたからだ。見えない世界を信じるということは、どんな苦しいときでも、柿が熟すと木の枝から落ちるように、着実に信念が言霊となって、奇蹟を引き起こすための準備をしていると思っていたからである。

私は、大変に苦しかったが、あきらめることはなく、逆につらい毎日が見えない世界への橋渡しをしてくれているようにさえ思った。

そして、とうとう奇蹟が起こった。第六の大きな奇蹟であった。

ある人と出会ったおかげで、当時、東海大学の総長だった松前重義さんの息子さん（次期総長）と会うことができたのである。

私は、彼に大学教授として雇ってくれるよう頼んだ。挨拶がわりに、そのときポケットに入れておいた、先の『新しい世界史の見方』を出し、彼に渡した。

すると彼は驚いて、「ああ、この本を書いた謝さんがあなたですか。つい最近読んだばかりなんですよ」といった。五年も前に出版した本を、彼はつい三カ月前に読んでいたという。そして、「この本の著者なら文句はありません。私が推薦しましょう」といってくれたのだった。

なんという奇蹟だろうと思った。

これこそ、見えない力が、私の後ろから押してくれたとしか考えられなかった。私に会う少し前に、私の書いた本をその人が読んでくれていたとは、偶然とは思えない何かがある。

そして、彼の推薦で、私は東海大学の文明研究所の教授になれたのである。

意識を変えれば体も若返る

ここまで、私の人生に起こった六つの奇蹟を見てきておわかりのように、私にかぎらず、人間の行動は一見、表層意識で動いているようであるが、実はその大部分がその人の心の奥にある潜在意識によって左右されている。

心に不安や恐れがあれば、それは敏感に体に影響を与え、心臓をはじめとした内臓に乱れを生じさせる。ひどいときには、それによって、病気を起こしてしまうことだってある。

逆に、心にゆとりや喜びが生まれれば、潜在意識から体に栄養が流れるから、体はいつも安定しているということである。

人生は実に波瀾《はらん》に満ちている。どんな成功者でも、いつまでも好調が続くわけがない。

必ずスランプの時期がある。一九九〇年前後、私にも著しいストレスが続いたためか、一九九一年には体重が四十キロまで落ち込んでしまった。さらには、目まで緑内障になり、新宿のある大病院で診てもらったところ、両眼ともすぐに手術をしなければ失明するとまでいわれてしまった。

たしかに私の左目はまだ使えたが、右は完全に視野が狭くなってしまっている。このままいけば、まず最初は右目が、次に左目が失明すると医者にいわれた。体重が四十キロしかなく、しかも両目が失明したら、それこそ私は、世界史どころか、やるべき仕事ができなくなってしまう。

そのとき、私は「医者のいいなりに屈したらダメだ。あらゆる病気は治せるはずだ」と考え直した。人間の心と体がつながっているのなら、その潜在意識の先にある、すべての人間に共通した「宇宙の心」に働きかけてみたらどうだろうかと。

私は、たしかに『生命の実相』という本を読んで、何か私たちが知らないところに、奇蹟が起こる無限のエネルギーが存在していることを知った。しかし、それまで、実際に自分の願望はかなったものの、具体的に病気を自分の力で治したことはなかった。

私は、そう思って、この緑内障を自分の手でどこまでよくできるか、さらには自分の虚弱体質を、「願う」ことによってどこまで改善できるか、試してみることにした。

その方法は第4章に詳しく書くが、私はまず自分の信念ノートをつくり、願いをはっきりと言葉にした。

「最低、左目は見えるようにする。右目はこれ以上、緑内障が進まないようにする」

私はその言葉を何度も繰り返し、潜在意識のなかにインプットした。そして毎日、お経のようにその言葉を唱え、「言霊」となって奇蹟を運んでくることを祈った。

それから、数カ月して、今度は別の大学病院（帝京大学病院）に行った。すると、どうだろう。左目はまったく悪化していないというではないか。右目もその時点と同じ。しかも、手術は特に必要もなく、レーザー光線の治療だけですんだ。

こうして、失明の危機から救われたのだった。

そのうちに、私に不思議な現象が起こりはじめた。

体重がしだいに増えはじめたのだ。そして、一九九二年、私の体重は四十五キロまで回復した。そして、不思議なことに、一九九二年から体重が少しずつ増加しはじめ、一九九四年にはついに五十キロを突破。そのとき、私は六十五歳である。若いとき以来、五十年間あまりも念願していたことが、ようやく達成されたのであった。その後も体重は増えつづけ、現在では五十五キロを超えている。

また、なんと白髪だった頭が黒くなりはじめた。どの人に会っても、「染めてるの？」

と聞かれるが、まったく染めてはいない。それなのに、白かった髪が黒くなっているのである。心配ごとがあると、髪が一度に白くなるということは聞くが、黒くなることは常識では考えられないことだった。

第七の奇蹟が、ここで起こったのである。

人間、やることがたくさん増えてくると、体はそれに見事に反応することを私は自分の体の変化をもって知ったのであった。体も奇蹟を起こすのである。

ふつう、人は老いると希望をなくしてしまう。

ところが、信念の道を歩いている人は、老いてますます野心的になる。それは、若いときに比べて、信念が累積してどんどん強くなっていくからである。それと同時に、客観的に見て、百パーセント不可能なことでも、それを突破することは可能なのだと、心から信じられるようになっていくのだ。

こうして私の人生をざっと振り返ってみてきただけで、私は奇蹟の連続のなかで今日を迎えているということを知らされる。

三十キロ前後の体重で生き抜いてきた青春時代も奇蹟だが、日本に来ることができたのも、いまでは考えられない偽造した入学許可書だったし、物理学を捨て、世界史の教授になれたことも奇蹟だった。

しかも、私はこれまでの経験から、奇蹟を起こすには、ある法則があることに気がついたのである。

奇蹟というのは、それを受ける人にとっては、それほど驚くべきことではない。なぜなら、それをつねに祈っているから、それが実現したのだという大きな喜びは当然あるが、それほど驚愕《きょうがく》すべきことではない。

驚くのは、それを見ている人たちである。それは自分の理解を超えた超常現象で、既成の自然界の法則に相反するからである。

では、どういう法則のもとで、奇蹟は起こるのかというと、先に書いたように、願いがある一定の程度に高まったとき、言霊に変わり、その言霊がパソコンのパスワードのように奇蹟の扉を開けるのである。

したがって、あなたがどうしても奇蹟を起こしたかったら、まず願いを言霊に変えなければならない。

どうしたら、そうなるのか。

次に、その言霊をつくるための具体的方法について述べたいと思う。

第4章

願いを実現する方法とは何か

まず、好きなことから始めてみよう

いったいどうやったら、自分の「願い」が「言霊」に変わるのか。

私がこれまで台湾にいて子供の頃から何度も実験し、そして日本において大学教授になってからも実践してきた、いくつかの方法を紹介しよう。

これさえ完璧《かんぺき》にできれば、あなたの私的な願いなら、すぐにかなう。

まず、一番大事なことは、あなたが「好き」という感覚を大切にすることだ。

それが、実はあなたの本当の欲望なのだから。

それをはっきりとさせないかぎり、あなたの願いは漠然としているわけだから、とうてい成功は呼び込めない。

自分の願いが何であるかをはっきりとさせるためには、とにかく、やりたいと思っていること、好きなことをとことんやってみることだ。

人間は好きなこと、やりたいことを十分やっていれば、人生に満足感や充足感が生まれる。一生自分が好きなことをやり通していければ、きっとその人は、「わが人生に悔いなし」といえるわけである。それにはまず、自分にやりたいことがあることに気づくことである。

有名な話では、江戸時代、測量によって日本の地図をつくった伊能忠敬がそうだ。これは、これからの高齢化社会を迎えるにあたって、大変役に立つ話なので、少し詳しく書いておこう。

彼はもともと伊能家の人間ではなかった。彼は商才を見込まれて、大商人伊能家に婿養子に入った。その頃、商売は傾きかけていたものの、養子に入った彼の力で持ち直した。

その能力を認められ、彼は三十五歳で、その村の村長になる。そして、五十歳で隠居。

ここまでは、ごく普通の話だが、ここからがちがってくる。伊能忠敬は五十歳になって隠居したのを機に、勉強を始めた。子供の頃から求学の情熱があったため、江戸に出て三十一歳の先生につき、ずっとやりたいと思っていた地学、天文学、測量術を学んだ。

やがて、彼は幕府に北海道測量の申請をし、許可された。このとき、五十六歳。平均寿命が四十四歳の頃のことだから、かなりの高齢である。

彼はそこで正確な地図を作製し、その業績が認められて一年後には東北沿岸を測量するチャンスを得た。続いてその後、北陸、中部、関東、近畿、九州とまわったときには、彼は七十歳になっていた。

そして彼のこの大仕事は、とうとう「大日本沿海輿地全図」として結実したのだ。

明治維新後、イギリスが日本の測量をするといって、近代設備を駆使した地図を作製したが、伊能忠敬のつくったものとたいして変わらなかった。そして、彼の地図はなんと一九〇〇年まで、役に立ったという。

伊能忠敬を支えたのは、ある決意であった。それは、幼いときからの夢を実現するためには、どんな状況になってもあきらめず、断固としてやってみせる、という想いである。この信念が、伊能忠敬の人生を夢の実現に導き、実際にやりとげるまで寿命も延ばしたのである。

私の知人に、世界中の山を登頂した登山家がいる。

しかも、単独登攀《とうはん》だから、その苦労は大変だったと思う。単独登攀というのは、ただひとりで山を登るのではない。降り登りといって、まず最初に自分がザイルを担いで、足場を築きながら十メートルほど登っておいて、今度はザイルを使って降り、荷物を担いで足場伝いに登っていくのである。

これが真冬のマッターホルンやアイガーということになれば、すさまじい吹雪と氷の壁のなかでの登攀になる。二メートル登るのに、一日かかることもザラだったという。

彼は、町に出てくると、長野や新潟の県警の山岳救助隊の先生として、登攀テクニックを教えるのが仕事で、そこで金を貯めては、またひとりでアルプスやヒマラヤに登った。

そして、結局、ヨーロッパ・アルプス三大北壁の冬季単独登攀をなしとげ、世界的なアルピニストになったが、四十三歳で雪崩《なだれ》にあい、この世から消えた。

しかし、彼の一生に悔いはなかったと私は思う。山が好きな少年が、山を登り、山から人生を学び、山で死んだのだから、私は彼には何の未練もなかったと思う。彼の一生にもうひとつ願いがあったとすると、エベレストに単独で登りたかったことだけだろう。

私が子供の頃、「人間は何のために生まれてきたのか」ということをじっと考えた末に私なりの結論を得た。それは、

「私は、やりたいことをやるために、この世に生まれてきたのだ」

ということだった。

まだ子供だから、稚拙な考えではあったが、いま考えてみると、そんなに間違ってはいないと思う。先の登山家は、山から人生を学ぶために生まれてきたといってていいほど、一生山を愛し、山で過ごした。もちろん、登山家が金持ちになれるわけがないから、豪邸も建てられなかったし、ゴージャスな生活は何ひとつしなかったと思う。しかし、なぜ彼の人生が豊かなのかと考えると、それはまさに、やりたいことをやって、死んでいったからではないだろうか。

ここでもう一度、人生を立ち止まり、自分は何をしたいのだろうと考えることが必要で

はないだろうか。

いままで自分が楽になりたいがために、人と同じようなコースを歩んできた人が多いと思う。しかし、それでは決して楽になったことにならない。なぜなら、人と同じことをやっているという安心感があるだけで、それは自分が絶対にやりたいことではないからだ。

自分がやりたいことをやると決めて、四十歳を過ぎてから始めた人は数多くいる。いい換えれば、彼らは「Ｎｅｅｄ」より「Ｗａｎｔ」を望んだのだ。

これも私の知人の話だが、ある人が六十歳を機に、中国語の翻訳を始めた。それも、漢方医学の膨大な資料を、八十歳までに訳そうと思った。コツコツやっていたが、なかなか進まない。そのうちに、そのことを知った人たちが協力を申し出て、二冊の本を出すことができ、いまは三冊目に向けて、がんばっている。

これも、「好き」という気持ちから始まったことである。

作家になりたい、音楽家になりたい、自分が好きな事業を始めたい、徹底して人に尽くすボランティアをやりたい……。人はそのとき初めて、自分のなかに眠っている個性に気づく。人生というものは、いまからでも変えられるのである。

自分の「これが好きだ」という感覚を大切にすること。

本田宗一郎やヘンリー・フォードは、何より先に機械いじりが好きだったから、あそこまでの成功者になれた。だから、自分が好きなことをまず、徹底してやるべきである。

ここから信念が生まれ、それが「言霊」となり、奇蹟の誕生をも呼び込むのだ。

この「言霊方程式」をマスターせよ

自分の「やりたいこと」が何であるかがはっきりとしたら、それがどの程度のものか、知る必要がある。なぜならその「想い」の程度によっては、なかなか言霊はできないからである。

たとえば、「金持ちになれたらいいな」と漠然と思っている人と、「どんなことがあっても、俺は絶対に金持ちになってやる」と強く思いつづけている人とでは、結果が全然ちがってくる。

しかし、信念の強さは、どう測ったらいいのだろうか。

人の願いの強さを知るために、私は、以前からひとつの公式を利用している。

熱意＋信念＝想いの強さ

熱意というのは、自分の夢をかなえたいという願望。この熱意に私は0～30の点数を与えている。

金持ちになりたい、成功したい、一日も早く病気を治して元気になりたい、好きな人と結ばれたい、目指す大学に入りたいなど、誰でもこうした夢や希望は持っているはずだ。心のなかにふつふつとわいてくる、そうした夢と希望が、熱意になってしだいに強くなったときに、点数が上がるというわけである。

たとえば、親が医者で「お前も医者になれ」と親にいわれ、自分も「うん、そうだな。医者も悪くないな」と思っている場合でも、一応、息子の熱意は感じる。この熱意を点数でいえば、5点程度だろう。

「うん、親父の意見はもっともだ。俺も親父の後を継いで医者になろう」と積極的に思ったときの熱意は、20点ぐらいに上がっているかもしれない。

しかし、本当は機械いじりが好きなのだが、親がいうからしかたがないという場合もあるだろう。そんなときの点数は3点ほどである。

それに、「絶対、夢や希望をかなえたい」「石にかじりついても、俺は夢を実現してやるんだ」という信念が加わると、それが「想い」をますます強くすることになる。

この信念には、私はマイナス30点からプラス100点までを与えている。

つまり、どんなに熱意が30点でも、信念がないと「想い」の強さは帳消しになる仕組みである。

実はこの公式には、ふたつの注意事項がある。

ひとつは、潜在意識の力を仮に知らなくても、燃えるような熱意さえあれば、夢は実現するのではないか、という意見に対してだ。

これは、前もって断言しておくが、熱意だけでは、とてもむずかしい。なぜなら、熱意だけしかないと、ピンチや逆境に遭遇したとき、「やっぱりダメか」「もうおしまいだ」というネガティブな感情に陥り、挫折《ざせつ》感にかられ、消極的になってしまう可能性が強いからだ。

しかし、そこに「必ず」とか「絶対に」という信念があれば、たとえ道が遠く思えても、多くの困難に見舞われようとも、それに打ち勝つ勇気、すなわち積極性が維持できるのだ。そうすれば、そのうち周囲の状況が好転するようになるのである。

ふたつ目は、信念には二段階あることを覚えておいてほしいということだ。

ひとつは、体験である。体験を積み重ねることによって、信念が強まる。体験がなければ、本当は信念がないともいえる。その次の段階は、自信である。その体験が自信になって、「どうしてもやる」から「きっとやれる。できるんだ」という自信が生まれて、50点から70点、100点へと向かっていくわけである。

さて、この〈熱意＋信念＝想いの強さ〉だけでは、まだ「言霊」ではない。

熱意と信念で培われた想いが言霊になるには、次の公式が必要なのだ。

想いの強さ×時間＝言霊

つまり、「なんとしても成功してやる」という想いをどのくらいの年月、持ちつづけられるか、それによって言霊が生まれるかどうかが決まるのである。そして、そこで生まれた言霊が「すべての人間に共通した潜在意識」、すなわち「宇宙の心」のなかにロケットとして飛んでいき、成功を運んでくるのである。

信念は国境を超えて愛を結ぶ

日本に「一念、岩をも通す」という格言がある。

これは「情熱を持って物事に取り組めば、それが一見、不可能と思えることであっても必ず実現する」という意味であるが、これこそ言霊の力を端的に表現しているといえよう。

「いつか必ず夢を実現してみせるぞ」

「絶対に成功してみせる」

燃えるような情熱と信念を持って邁進《まいしん》する人間は、たとえどんな大きなピンチに見舞われようとも、あるいは絶体絶命の状況に立たされようとも、必ずその危機を乗り越えることができるからである。

ひとつ、こんな例がある。

第二次世界大戦のとき、シュミットというドイツの青年がソ連の捕虜となり、ウクライナの強制収容所にとらわれていた。

彼には「宇宙工学者になって、ロケットを研究したい」という夢があったが、一方でロサンゼルスから来たあるアメリカ人女性のことが忘れられなかった。その女性とは戦争が勃発《ぼっぱつ》する前にドイツで知り合い、恋仲になっていたのである。

「ああ……どんなことをしても、彼女と会いたい。そして、彼女と結婚するんだ」

しかし、戦争がふたりを引き裂き、捕虜となったいま、会える可能性はまったくないに等しかった。そのときの彼にできることといったら、「もう一度彼女に会いたい」と強く想うことだけであった。

そこで、彼は暇を見つけては、「絶対に会える」と想念したり、「神よ！　どうかふたりが再会できるようにお導きください」と祈りつづけたのである。

手を組んだのか、ひざまずいて祈ったのかは定かではないが、ともあれ、毎日毎日、「彼女と会いたい」と想いつづけた。しかも、それだけでなく「絶対に会えるのだ」と彼は信じた。

しかし、どう考えても、捕虜であり、しかもソ連の収容所にいるかぎり、彼女に会えるわけがない。

彼は、それでも会えると信じた。

そんなある日、彼はどこにいるかわからない彼女と会うために、収容所の脱出を決意したのである。もちろん、逃亡して捕まれば銃殺される危険があったが、チャンスをうかがい、いちかばちか実行に移したのだ。運よく朝の点検のとき、監視員がうっかりして気づかなかった。

逃亡は成功した。しかし、見つかったら銃殺である。彼は必死で逃げた。逃げる途中、彼を支えたのは「絶対、彼女に会える」という信念であった。

逃亡中、川魚を食べて飢えをしのいだり、ウクライナからポーランドへ向かう石炭車に隠れたりして、ようやく故郷のドイツにたどり着くことに成功したのである。

さて、故郷に戻ったシュミットは、長年の疲労を癒すため、スイスに療養に行った。すると、そこでひとりのアメリカ人と知り合い、懇意となり、「アメリカに来ないか」と誘われたのだ。

「願ってもないチャンスとはこのことかもしれない」

こう思った彼はふたつ返事でアメリカ行きを決意する。

このアメリカ人に連れていかれた先は、なんと彼女のいるロサンゼルスだった。

「彼女とは絶対に会える」

その信念はまだ続いていた。

そして、やがて奇蹟は起こった。彼女と再会したのだ。しかも、彼女も独身だった。やがてふたりは結婚した……。

この実例は、戦争や国籍のちがいという大きなハンディ――悪条件があっただけに、奇蹟と呼ぶにふさわしい恋愛ドラマといえるだろう。

そしてこのドラマがハッピーエンドを迎えた要因は、なんといっても信念を伴った彼の強い言霊にある。そう、収容所にとらわれて以来、日夜必死になって、「彼女と絶対に会える」と念じつづけた点にある。

こういうと、あなたはこう反論するかもしれない。

「ふたりが再会できたのは、単なる偶然だよ。運がよかっただけだ」

本当にそうだろうか。彼がもしも、「このまま会えないかもしれない」と思ったら、彼は逃亡しなかっただろう。そうしたらドイツに帰れなかったかもしれない。あるいは、そのまま獄死していたかもしれない。

「絶対に会える」と信じたからこそ、現実のものとなったのだ。

「映画じゃないんだから、そうは簡単にはいかないよ」

あなたがそう思っているかぎり、あなたには「奇蹟」は起こらないと断言できよう。

「どうせ人間」から「どうしても人間」へ

ここまでお読みになれば、読者のみなさんは「言霊」の持つ不思議なパワーを信じてくれたと思うが、ではどうしたら、あなたはその力を発揮することができるのだろうか。

まず、あなたは心のどこかで、

「そんなこといったって、俺には無理だよ」

「いいたいことはわかったけど、私にはとうていできそうにない」

と思っていないだろうか。

こうした「ダメ意識」は、潜在意識にとって、一番いけない。前にも述べたが、潜在意識というものは、奇蹟に近い夢や熱意を実現する代わりに、悪いことまで実現してしまう。

「どうせ、私なんかと結婚してくれる男なんかいやしないわ」

と思っている女性には、本当に誰も現れてこないものである。それは、そうした思いまでも、すべて潜在意識が受け取って、それを実現してしまうからである。

若い女性はとかくルックスやスタイルを気にしがちであるが、美意識には個人差があることを忘れてはならない。つまりAさんはやせている人が美人の条件だと思うが、Bさんはふくよかな女性のほうを美人だと思うといったように、美人の評価は人によってみんなちがうのである。

だから本人の気持ちや考え方次第でも、潜在意識は百八十度変わってくるのだ。

学歴も同じことである。

「どうせ人間」は、「学歴がないから、どうせ出世なんかできない」と思う。ところがよく考えてみると、世の中の大事業は、学歴のたいしてない人が起こしているのだ。

あなたのまわりでも、学歴はないけれど、事業に成功している人がいるのではないだろうか。その人たちに共通していることは、逆に学歴のないことをバネにしている。そして、学歴に対して戦いを挑み、学歴のある人たちを逆に使っている。

この成功者たちに共通しているのが、「どうせ自分は……」という言葉を決して吐かないということである。

その代わり、「絶対、私は成功してやる。学歴で人間が決められてたまるか」という言葉を口癖のようにいっていることだ。

それを私は「どうせ人間」に対して、「どうしても人間」と呼ぶことにしている。

「どうしても、この道でやっていく」

「どうしても、子供のために成功してみせる」

「どうしても、結婚相手を見つける」

こうした「どうしても人間」と「どうせ人間」では、長い人生で大きなちがいが出てくることは、先の例で明らかだろう。

毎日のハリがちがうし、働きがいもちがうのである。

それがたったひと言の「どうせ」と「どうしても」の差から生まれてくるとしたら、これこそ言葉の選び方ひとつで人生が変わるという言霊の威力であろう。

プロローグで紹介した中村天風はこういっている。

「だから、いやしくも人を傷つける言葉、勇気を挫《くじ》くような言葉、あるいは人を失望させるような言葉、憎しみ、悲しみ、妬《ねた》みの言葉を遠慮なくいっている人間は、悪魔の加勢をしているようなものだ！　そういう人間は、哲学的にいえば、自他の運命を破壊していることを、平気でしゃべっている。人々の心に勇気を与える言葉、喜びを与える言葉、何ともいえず、人生を朗らかに感じるような言葉を、お互いに話し合うようにしよう」

あなたがいつも「どうせ俺は……」「どうせ私なんか……」といっていないか、もう一度、自分の口癖を見直してみたらどうだろう。

人生に実りをもたらす言葉づかい

先の中村天風がいっているように、「どうせ……」といった自分への愚痴と同じように、他人に対しても、言霊になりにくいマイナスの言葉を投げかけてはいないだろうか。

それは、すべて人に対する憎しみや妬みから生まれていることが多い。

「彼はたいして仕事もできないのに、上役からかわいがられている。それにひきかえ、この俺は、やる気はあるのに、少しも期待してくれない」

「いまどきの新人は、生意気ね。礼儀を知らなすぎるわ。私たちの若いときは……」

その憎しみや妬みは、自然に愚痴になっていく。

そういう人は、愚痴をこぼせば、当面は気が楽になり、ストレスも少しは発散できるかもしれないが、それは決して解決策ではなく、他人に自分の苦しみを聞いてもらえたという一時的な満足でしかない。

それより、むしろ怖いのは、この愚痴という種があなたの潜在意識のなかにまかれたときから、あなたの夢や希望に対して、悪影響を及ぼすことである。そして、願いがかなわないだけでなく、いつも愚痴をいっていることによって、あなたの性格までねじまがり、人からも信用を失いかねない。

だったら、あなたは、その愚痴を自分のために生かせばいいのではないか。これが発想の転換であり、あなたの願いが言霊になるための第一歩にもなるにちがいない。

たとえば、「彼はたいして仕事もできないくせに……」という愚痴をむしろ、

「彼もよくやっている。俺も見習わなけりゃいけないところもある」

「新人っていいわね、潑剌《はつらつ》としてて。少し、若さを分けてもらいたいわ。はっきりいいたいことはいうし、立派よ。私も先輩なんだから、がんばらなくちゃ」

というふうに思えたら、ずいぶん、あなたの願いがかなう可能性も高くなるというものだ。

昔から「人を呪わば穴ふたつ」といわれる。

人を呪うことは、相手を不幸にするだけでなく、自分にもはね返ってくる。さらに悪いことに、相手の精神力が強ければ相手には何の影響もなく、悪念が自分だけに返ってくることだってある。

自分が潜在意識と「宇宙の心」を通して、すべての人たちとつながっていると考えたら、怒りや憎しみ、妬みといった感情はわかないと思う。それよりも、人に感謝する心が生まれ、それが必ずいい方に向かうことは間違いがない。

たとえば、朝起きて「今日は素晴らしい。がんばろう」と思っただけでもいいことだが、できたらそれを口に出す習慣をつけたらどうだろう。最初は当然、いいにくいかもしれない。しかし、しだいになれてくる。そうなると、電車に乗っていて偶然、自分の前の席があけば、「ああ、ありがたい」と口に出るようになる。タクシーに乗っても、降りるときに「ありがとう」といえる。

ほんのちょっとしたことでも、おおいにありがたがる癖を身につけておくと、それがますます大きくなり、言霊にもなって、ついには本当にありがたい現象が生まれるようになる。

なぜなら、「ありがたい」という想念が潜在意識にインプットされつづけることによって、さらにそれが言霊となり、「宇宙の心」から、あなたがありがたいと思うことを運んでくるからである。

「あなたがよき成果を願うのであれば、感謝の法則に従わなければならない。物質的な富はもちろん、あらゆる豊かさに感謝するのである。なぜなら、それは潜在意識に刻印され、あなたをますます豊かにするからである。これが感謝の法則である」

私の尊敬するジョセフ・マーフィーも、そういっている。

寝ている間に言霊はつくられる

人間の意識のなかには、表層意識と潜在意識、それと人間すべてに共通した潜在意識、すなわち「宇宙の心」の三つの意識があることは、これまでのいくつかの話でわかったことと思う。

人間の願いというものは、まず知らず知らずのうちに、自分の潜在意識のなかにたっぷりと蓄えられ、やがてそれが醸成されて、「言霊」という美酒になり、芳醇《ほうじゅん》な香りとともに、かつて味わったことのない美味な「奇蹟」を食卓に運ぶといった人もいるが、まさに私たちがつくろうとしている言霊は、潜在意識のなせる芸術である。

言霊は、強い想念によって生まれるのであるから、私たちの意識によってつくられることには間違いがない。

では、夜、私たちが寝ているときには、いったいその意識はどうなっているのだろう。

人間は完全に眠ってしまうと、意識はなくなる。ぐっすり眠っている人の枕元を歩こうが、多少の物音を立てようが、その人は目を覚ますことはない。しかし、本当にすべての意識が眠ってしまっているのだろうか。

実際は、たとえ完全に熟睡していたとしても、すべての意識が消え去ってしまうわけではない。こうした熟睡中になくなる意識は、あくまで表層意識であって、潜在意識は起きているときよりもむしろ活発に動いているのである。そしてその分「宇宙の心」の入り口も大きく扉を開けているのだ。

頭をかいたり、寝返りを打ったりするのも、潜在意識のなせる業で、表層意識があって「寝返りを打とう」と思って体を動かしているのではない。表層意識がなくなる分だけ、潜在意識の動きが目立つのである。

さて、潜在意識は、自分が寝ている間に、何をもとに動いているのだろうか。それは、一般に、眠る前の「十分間」、それも最後の言葉で決まるのである。

たとえば、あなたが毎日金策に走りまわり、借金取りに追われて、身も心もクタクタになっているとしよう。そのとき、あなたは安心できないわけだから、体がどんなに疲れていても、ぐっすりと眠れるわけがない。

「どうしよう、明日またサラ金が押しかけてくる。もう言い訳はきかない」

そんな思いで床についたとしたら、たとえあなたが眠ったとしても、安らかに熟睡はできない。こうした不安と恐怖をいっぱいに抱えた状態で眠ったとしたら、たとえ意識はなくなっても、あなたは夢のなかで恐ろしい目にあったり、金しばりにあったりする。

それはあなたの潜在意識が、寝ている間も苦しみから解放してくれないからである。よく、誘拐された人があまりの恐怖のために、ちゃんとベッドも与えられた軟禁状態であっても、一日にして髪がまっ白になったり、あっという間に老けてしまったりするのも、潜在意識がすべてそうさせているからである。

つまり、「明日はどうしよう」と思いながら眠ったあなたは、わざわざ心の奥にそうした不安や恐怖を、抱きかかえて眠ったことになるのである。

逆に、眠る十分前に大胆にも「もう、借金のことを考えてもしかたがない。それより、明日から金を儲《もう》けて、利子をつけて返せばすむことだ」と開き直って、ぐっすりと眠りについた場合はどうだろうか。

すると、あなたの潜在意識のなかに、仕事をするというプラスのエネルギーが生まれ、それが夢のなかで、金しばりどころか、意外にも素晴らしいヒントを生ませたりする。潜在意識のなかでプラスのエネルギーが生まれてくるのだから、翌朝も気持ちよく起きられるし、以前より生きていく希望がわいてきたり、自信が生まれたりしてくるから不思議である。

マレー半島中央部の山中、深い森のなかで生活をしているセノイ族は、夢と独特のつきあい方をしているといわれている。

たとえば、朝食のときに、必ず家長は家族に昨夜見た夢を聞くのだそうだ。

「ゆうべ、お前はうなされていたが、どんな夢を見たんだ」

子供が、自分が虎に追いつめられて怖かった夢の話をすると、父親は子供に虎との戦い方を教える。そして、たとえ夢で虎と出合っても、怖がってはいけない、というのだ。危険に対してどう立ち向かっていけばいいのかを、夢を通して教えるのである。

そこには、夢を自己解放の場とし、子供の教育に使い、また夢で手に入れたものをみんなで共有しようという喜びを味わう姿勢が見える。

まさに、潜在意識を上手に利用した「夢の見方」である。

いい方を換えれば、寝ているのは、一日のうちの三分の一。極論をいえば、一生の三分の一を不安と恐怖で過ごすか、希望と情熱で過ごすかで人生に大変なちがいが出てくることをセノイ族はよく知っているのかもしれない。

これは何を意味しているのか。眠りにつくときに考えたことが、潜在意識に大きな影響を与えるということである。さらに、寝ている間の潜在意識によって、あなたの運命はつくられているといっても過言ではないのである。

眠る前の十分間が未来を変えていく

では、具体的には、どうやって眠る前の十分間を過ごしたら、言霊をつくり、自分の夢をかなえられるのだろうか。

私が実行して、成功したひとつの秘法がある。

それは、床に入ったら、自分の胸の奥底にある潜在意識に向かって、自分が一番願っていることをつぶやくことだ。それも長い言葉はいけない。できるだけ、短く、はっきりと声に出していうことが大切だ。

「絶対、この仕事を成功させる」

「必ず志望校に入学してみせる」

「この病気は、きっと治る」

こうした自分の「想い」を十分間、自分にいい聞かせるように声に出すか、あるいは心のなかで強く念じる。本当は、その三十分前から、そうした想念を心のなかにわき立たせ、

「仕事に成功したら、脱サラをしてやりたいことをやる」

「大学に入ったら、好きな研究をする」

「病気が治ったら、ボランティアをやる」

と未来の自分の姿をイメージに描き、その後で十分間、先の願いを口に出すか、もしくは力強く想念するのがいい方法である。

そのとき、絶対に注意しなければならないのは、たとえ、先の話のように、借金に追われていても、悪いイメージのことは絶対に口に出してはいけない。

「必ず、借金は返してみせる」といった強い意志を潜在意識に吹き込むのだ。

すると、その意識はあなたが眠っている八時間の間、ずっと潜在意識のなかにインプットされ、あなたの潜在意識を支配しつづけるのだ。そして、それは確実に「宇宙の心」に入っていくだろう。

さらに、付け加えておくと、もうひとつ大事なことがある。

それは、目が覚めたときに、もう一度、同じことを口に出すことである。それも、まだ表層の意識がしっかりと目覚めていない、いわば朦朧《もうろう》とした状態のときに口に出すと、潜在意識や「宇宙の心」の底に入り込みやすい。

そうなると、あなたは二十四時間、同じ願いを持つことになる。それが一カ月、二カ月、半年、一年と続く間に、先の言霊方程式のように、その言葉が「言霊」となって奇蹟を生むのだ。

眠る瞬間の最後の言葉は、特に重要である。だから、眠りに落ちる最後の瞬間は、プラスの言葉を口にすべきなのだ。

もし夜眠る前に祈った願いを朝起きたときに忘れてしまっていたのなら、それはあなたの願いがたりなかったからである。

「絶対、この仕事を成功させる」

「必ず志望校に入学してみせる」

「この病気は、きっと治る」

といったあなたの願いが真剣であれば、必ず朝目覚めたときも、顔を洗う前の半ボケの状態でも、同じように口に出せるはずだと思うが、どうだろうか。

朝、起きてからもずっと願いつづけていれば、それだけ、あなたの願いが言霊となり、表層意識のなかに奇蹟を引き連れて戻ってくる日も近いということである。

朝の来ない夜はないという。

眠る瞬間のあなたの潜在意識への強い働きかけによって、夢がかなう日がいつかやってくるのだ。

願望を表にすることで効果が上がる

夜、眠る前のわずか十分間の集中的想念による潜在意識への働きかけによって、いわば自己暗示にかかったあなたに、少しずつ自信のようなものが生まれてきたら、次にぜひやってもらいたいことがある。

それは、あなたの願いを整理して、表にしてみることである。

そのためには、自分の願いを、実現の可能性の高い順番に、短期・中期・長期の三種類に分けて設定してみることだ。

短期というのは、できるだけ近い将来に実現したいこと。長期というのは、いつの日にか実現したいと思っている願望である。

それを、一枚の表にして、自分の気持ちを整理してみるのである。

そして、短期から順番にクリアしていくことによって、自信が深まり、信念を強め、中期、長期といった大目標に向かう勇気がわいてくる。

たとえば、仮にあなたが「絶対、この仕事を成功させる」という言霊をつくり、その夢を実現したいと真剣に願ったとしよう。

まず、あなたは一枚の紙の三分の一のスペースに、こんなことを書く。

「来月中に、A社から取り引きの注文をとる」

「三カ月後、いまの営業成績を一・五倍に増やす」

「半年後、A社から再度、注文をとる」

どれをとっても実現できそうである。短期の場合は、まずこうした設定でいい。この目標を立てたときから、あなたはもうA社の担当者とコンタクトをとろうという気持ちがわいてくるはずである。

いつでも会おうと思っていれば会える相手であるにもかかわらず、この表に書き入れたことによって、何だか明日にでもすぐに会わないといけないような意識が、あなたのなかに起こってこないだろうか。

これもまた、小さな言霊のひとつである。

すると不思議に、この程度の願望なら、すぐに効果が表れる。

電話をかけようと思ったら、相手から別の用件でかかってくるかもしれない。

「実は、別件がありまして、ちょうどお会いしたかったんです」

いつもなら簡単に口に出ない言葉が、すぐに飛び出すかもしれない。そのときから、あなたの潜在意識は目標の実現に向かってすでに動いているのである。

そして、心のなかで「来月中に、取り引きをするぞ」という意志が生まれるから、あなたの行動はどこかいつもとちがう。以心伝心、それは必ず相手にも伝わる。

「何ですか、別件って」

「実はですね……」

たとえ、その場では無理でも、あなたには目標があるから、はっきりとした期日も条件もいえる。何も思わないで、ただ相手のいいなりで会っているのに比べると、もう数段、仕事がはかどっているのである。

そこで成功すれば、営業成績も当然上がる。そしてまた、仕事が始まる。あなたの行動的な態度が相手に好感を与え、再びA社からの注文が来る。

これで、三カ月の間に、あなたは短期の願望を成就させたことになる。

そうなったら、次の中期的願望の実現を目指す。これは、一年から二年後を見通した計画である。

「一年後、B社との取り引きを二倍に増やす」

「一年半後、営業部のトップになる」

「二年後、脱サラの準備のために、一千万円貯蓄する」

この言葉を書いた直後から、あなたの潜在意識のなかに、それまで漠然としていた脱サラの輪郭がはっきりとしてくる。

さらには、また長期的な願望について、三年以上先のことまで設定する。

「三年後、脱サラして独立する」

「五年後、事業を成功させ、従業員を百人にする」

「十年後、自社ビルを建設。年商十億円になる」

これは目標が大きければ大きいほど、それだけ情熱と信念が強くなり、潜在意識に働きかける力も強くなるのである。

あなたは、この願いを実現すべく、一歩一歩進んでいる自分に気づく。そして、この目標を暗記し、いつでもどこでも繰り返しているうちに、しだいに最後の「年商十億円」までもが言霊に変化していく。ここまでくれば、もう実現は時間の問題である。

あなたの潜在意識のなかに、「来月中にA社から注文をとる」という夢をかなえたことをはじめ、数々の願いをクリアした実績があるのだから、もう自信も当然生まれているし、もし難関に出合ったとしても、それを十分に乗り越える力が備わってきているのである。

ところで、あなたは大事なことに気がつかないだろうか。

短期の願望は、すぐに結果が出る。だから、もちろん、達成する可能性の高いものが選んであるわけだが、それだけ一生懸命、短時間のうちに集中して念じないといけない。

逆に十年後の望みをかなえようとすれば、その願いを十年の間、思いつづけなければならないから、一回の念じる強さをそれほど必要としなくとも、先の言霊方程式のとおり、期間が長い分だけ、言霊も強くなるということだ。

つまり、どっちにしても、願いは強くなるという法則がここに働いている。

さらにいえることは、短期の願望を実現することによって、そこに体験が生まれる。そして、成功体験を重ねることにより、たとえ次の難関にぶつかったとしても、信念はひるむことはない。そして、難関を突破すればするほど、ぐんぐん言霊は強まっていく。

現に私は、大学院のときに、こうした「短期の願望には想いを強く、逆に長期の願望には想いを長く」という「反比例願望表」をつくって、成功してきた。

誰も協力してくれない。それだけでなく、青二才が何をやろうとしているのだとバカにされ、専門家に叩かれ、学界でもまったく相手にされなかった。

そんなときでも、私は、「絶対にやりとげる」と心に誓い、短期、中期、長期という目標を定め、ひとつひとつの願望を成就させてきた。

それはまさに、自分の未来への設計図を描いたことであり、できるかぎり理想的な自己を実現するための第一歩でもあったのである。

この願望表は、単なる夢の羅列ではない。

あなたの願望を、潜在意識により正確にインプットするためには、まず最初に明確な図面を描くことが重要だということである。

読書は心を洗い清めるシャワー

しかし、ここまで詳しく述べたところで、必ずしも誰もが成功するとはかぎらない。なかには、うまくいかない人もいるだろう。

たとえば、先の短期型の願望にしても、A社の担当者に電話をしても、居留守を使われたり、商談にならなかったりすることは、よくあることである。

「ああ、今日も相手にされなかった。この分では、来月中に取り引きすらできないのだから、十年後なんか、絶対に夢なんかかないっこないよ」

そんな目にあったりすると、自然に人間は楽な言い訳へと逃げていってしまう。

そして、お決まりの「どうせ俺なんか……」の「どうせ人間」の誕生である。

こんなときには、効果的なリフレッシュ法がある。それは、「心を洗う」ことである。毎日、汚れ、傷ついた心にシャワーをかけ、適温の湯船につかり、その後で、心を洗うといっぺんに疲れがとれる。

それが、「読書」である。

自分を励まし、勇気づけてくれる言葉で心を温めるのもいいだろうし、潜在意識の存在を知る言葉のシャワーを浴びるのもいいかもしれない。

そうした本を初心者なら一日三十分、意識をそこにおいて読むと、風呂上がりでさっぱりとした気持ちになるように、あなたから精神的な汚れが落ち、再び難関に立ち向かう勇気がわいてくるものである。

いいチャンスなので、ここでそうした本をいくつかあげておこう。

まず、読んでおいてほしいのは、百年前に出版されたニューソートの古典で世界的名著であるトラインの『幸福はあなたの心で』（日本教文社）。この本は、「宇宙の心」と人間の本質についてわかりやすく解説された名著である。この本を読んだヘンリー・フォードやロックフェラーがアメリカン・ドリームを実現したといわれる。

続いて、J・E・アディントンの『奇蹟の時は今』（日本教文社）。これは病気を治したいと思っている人には特に有効な本といっていい。信じる心が一定のレベルに達すると奇蹟は起こると書かれている。

さらには、ニューソートのアメリカの権威ノーマン・ピールの『積極的な考え方』（実務教育出版）。私が前項で書いた「ポジティブ・シンキング」を中心に書かれている。そして、C・トーチェ夫妻の『トーチェ氏の心の法則』（日本教文社）。意識が現実をつくるということを強く訴えている。

あとは、ナポレオン・ヒルの『成功への十三の条件』（実業之日本社）、弟子のクレメンターが書いたのが『思考は現実化する』（騎虎書房）、それにロバート・シュラーの『積極的な考え方で成功する』（産能大出版部）。日本人が書いた本なら、中村天風の『運命を拓く』（講談社）がいい。

さらには、松下幸之助や稲盛和夫の自伝なども、読めば勇気がわいてくる本かもしれない。

こうした本を一日三十分読むことによって、あなたに新たな希望がわいてくることは間違いがない。多忙な人は、一日十分の読書でもいい。

私がここに薦めた本は、すべてあなたの潜在意識に必ずいい影響を与え、あなたがどんな難関にも挫けず、奇蹟を信じつづけることができるよう書かれた本なのである。

よく本とは出合いであるといわれる。一度見失うと、二度と会わないこともある。こうした本を見つけたら、ぜひ買い求めて毎日、少しずつ読むことを勧めたいと思う。

一年で一冊の「感動ノート」のつくり方

こうした本を読みはじめると、必ず、素晴らしい言葉に出合う。これがまた、読書のもうひとつの楽しみである。

そうした感動に出合ったとき、私はその部分にアンダーラインを引き、なかでも印象に残ったものに印をつけて、ノートにその言葉を書き写すことにしている。別にアンダーラインでなくても、そのうちにここを写すというマークでもあれば十分である。

ノートといっても、いつでも持ち運べるように手帳サイズの小さなノートである。

たとえば、いま、何気なくその私のノートを開けると、こんなことが書かれている。

「我々は、奇蹟の存在を素直に肯定して受け入れ、奇蹟の起こることを期待して、奇蹟について考えはじめたとき、我々は奇蹟を体験する」

「うれしくなくてもうれしそうに振る舞おう。悲しくてもできるだけ悲しさを忘れよう。疲れていても疲れたと口に出すのはやめよう。これが成功への心的状態をつくり出す秘訣である」

「宇宙にはあなたが考えるよりもいっそう大なる力が存在する」

「奇蹟とは通常我々に親しまれているよりも、いっそう高い霊圏に属するエネルギーを開放して、神が救済の目的を達成するために起こされるところの摂理に基づく事象である」

本のなかで出合った「潜在意識」や「奇蹟」について、毎日、一行か二行、手帳に書き写す。時間にすれば、わずか一分か二分である。

そうすると、一週間で手帳の一ページ分ができる。これを一年間続ければ、一冊の「感動ノート」ができるというわけである。

人間というのは不思議なもので、本を黙読するよりも口に出したほうがいいし、口に出すよりも、書くことによってより理解が深まったりする。

こうしてできた感動ノートを、電車のなかや昼休みに、新聞を読むように毎日五分間でも目を通せば、さらに効果が上がる。

部屋に貼った言葉が心に刻まれる

感動ノートに書き写すのと同じような効果が上がる方法が、もうひとつある。

それは、「商売繁盛」のちょうちんを吊るすように、自分の好きな言葉を壁に貼る方法である。なるべく自分が長くいる部屋がいい。一回二、三秒でも、一日いれば何度も見たことになるし、それが毎日だとすれば、数えきれないほど見たことになる。

そうした積もり重なった想念によって、「言霊」が生まれてくる。

受験生がよく勉強机の前に貼っている「必勝!」などという文字も、そうした効果を狙ったもののひとつである。

ここで重要なことは、言葉を書くとき一字一句、心を込めて書くように心がけてもらいたい。太いマジックでもいいし、もちろん筆ならなお迫力が出る。

「課長に昇進!」「司法試験合格!」「月収百万!」「病気全快!」……。

何でもいい。こうした願望を何枚も、紙に書き、それをベッドの脇、机の前、定期入れや電話帳といった、絶えず自分の目のいくところに貼っておく。

見る時間は一回二、三秒でもいいと書いたが、このときの気持ちが大事で、「よし!

必ずこの願いをかなえてみせる」という強い情熱を持って、見ることにしよう。

また、願望の書き方にも注意したい。同じように紙に書くのでも、

「どうか、いつの日か課長の椅子が与えられますように」

「できたら弁護士になれますように」

などといった遠慮がちな態度は、絶対にいけない。先に書いたような「課長に昇進！」といった端的で、強く、肯定的な言葉を選ぶべきである。

なぜなら、短く、強い言葉はつねに口に出しやすいからである。さらにいえば、歩くリズムと一緒ならなおいい。

この方法は、いたって簡単であるから、ぜひ、言霊になりやすいように、自分でいいやすい言葉をつくり出してもらいたい。

「立身出世」「独立成功」なんていうのも、いいやすいかもしれない。

そうした言葉を書いた紙を、つねに目にふれるところに貼っておけば、歩いていても、家のなかにいても、つねにあなたの願いは潜在意識に送り込まれているわけだから、それだけ言霊になりやすいということである。

いつでもどこでもできる短時間想念法

自分の願望が絞られ、さらには願望成就の時期まで設定したら、「言霊の方程式」どおりに、とにかく強く想うことだ。

想念の回数は多ければ多いほどよい。それに一回に費やす時間は長ければ長いほど、効果は上がる。ただし、ただあまりにも長くひとつのことを想うと、念じるエネルギーが薄れてしまうことがあるので、時間だけを気にすることはない。「強く、長く」願うのがたしかに言霊の方程式としては理想だが、それができない場合でも、弱くても「長く」願うか、あるいは短くても「強く」願う方法をとってほしい。

では、初心者の場合、どれくらいの時間をさいて、願えばよいのだろうか。

これは、その人の信念の強さにもよるが、だいたいひとつの願望に一分程度、集中して願えばいい。これなら、どんな忙しい人でもできよう。そして、通勤や通学の電車のなかでも五分ほど、さらには昼休みに二分、そして、寝る前十分という具合に毎日、願っていれば、一年後、二年後には「言霊」になることは間違いない。

また、仕事の成功や発展を願う場合、少し信念ができてきたらそれが達成された場面を鮮明にイメージとして思い浮かべることで、より実現を早くすることができる。

たとえば、脱サラをして独立し、年商百億円の社長になりたかったら、すでに自分の夢がかなった姿を想像し、秘書に自分のスケジュールを確認したり、ベンツに乗っている自分を思い描けばいいのだ。自分のオフィスのパソコンの配置から、社長室の様子までが想像できるようになり、それが毎日続けば、きっと「宇宙の心」にインプットされる。

だが、繰り返しいうようであるが、こうした「想い」は時間さえ費やせばいいのではなく、たとえ一分でも、全エネルギーを集中させ、自分の確固たる願いを強く念じ、潜在意識の向こうの「宇宙の心」に送り出すようにすることが大切である。

「自分に必要なものはすべて手に入る――心の底からそう信じたとき、不思議なことにあなたはすべて満たされるようになる」

これもまた、ジョセフ・マーフィーの言葉である。

第5章

言霊パワーが未来をつくる

自分の才能・個性を生かしているか

よく電車に乗っていると、夜もかなり遅くなっているのに、小学生がたくさん乗っているのに出会うことがある。

みんな同じような髪型をして、眼鏡をかけて、とてもしっかりした子供たちばかりだなと思っていたら、塾帰りの子供たちだと聞いて驚いてしまった。あんな小さなときから勉強していたら、大人になったら、脱け殻のようになってしまうのではないか。

また、予備校がいくつもある駅に着くと、今度は高校生や浪人生たちがドッと乗り込んでくる。これはすべて大学受験組だ。

なぜ、日本人はそんなにまで勉強しなければならないのだろうか。アメリカの高校生と比べて、まったく生活態度や教育に関する考え方がちがうのには、いまさらながら驚いてしまう。

私だけではなく多くの学者たちが、感性豊かな少年時代、青年時代を詰め込み教育で終わらせたら、間違いなく人間はダメになるといいつづけているのに、いまだに日本の教育は完全な「詰め込み教育」である。

イギリス人でもよくわからないような英語の読解力を要求したり、物理学者だった私でも面食らうようなむずかしい数学の問題を解かせる教育が、真の教育なのだろうか。

第2章で書いた孫正義が、現代の情報産業界で大成したのは、日本の受験教育を受けなかったからだといわれている。

前述のごとく、彼は高校一年で中退し、渡米している。そして、アメリカの学校でコンピュータに出合い、これこそ次代の産業だと確信した。もし、彼がそのまま日本にいて詰め込み教育を受けていたとしたら、そこまで成功できなかっただろう。

アメリカでは、高校時代に好きなように遊ばせ、大学に入ってから勉強させる。だから、アメリカの大学には、本当に勉強が好きで、学問をしたい学生が入ってくる。もちろん、大学に行きたくなければ行かなくてもいいのは日本も同じだが、根本的にちがうのは、アメリカ社会では大学に行かなくても、仕事に成功すれば、大学卒の肩書きなどまったく関係ないということだ。

ところが、日本をはじめ、韓国、台湾などといった儒教文化が根づいた国は、何をやるにしても、学歴がかなりのウエートを占めているといって過言ではない。いい言葉でいえば教育に対して熱心であるといえるが、それに伴う弊害のほうが多いのが現状ではないだろうか。

なぜ若い人たちに信念が育たないのか

特に、日本の教育による弊害は、戦後に顕著に表れている。

たとえば、戦後を代表する実業家を列記してみよう。本田宗一郎、中内㓛、盛田昭夫、堤義明、それに稲盛和夫、孫正義らであるが、彼らはアメリカ留学の孫を除いて、すべて現在（一九九七年）六十五歳前後か、それ以上、すなわち一九三〇年代前半より前に生まれた人たちである。

これらの人たちに共通するのは、信念によって成功を勝ち取ったということである。私は、これから若い世代には、こういう人は少なくなってくるのではないかと思っている。

それは、彼らより年が下の人たちが、戦後の教育を受けているからだと思う。明治時代の大学進学率は一〜二パーセント、大正から昭和の初期で十パーセント前後、ところがいまや四十パーセントを超す勢いで、これからもますます増えていくにちがいない。

そうなると、大学に入るのが当たり前の時代になり、就職に有利なように、できるだけいい大学に入ることが最大の教育目標になってくる。

だから、彼らにとって、大学入学が人生のゴールなのである。そして、さらにいえば、大学のブランドを得ることによって、就職の準備を完了させてしまうのだ。

そんな役目しか果たさない大学を出たら、個性豊かな若者が増えるわけはない。創造性もなければ、やる気もない。まさに彼らはサラリーマン予備軍、従順な羊の群れである。私からいわせれば、戦後の日本の教育は、もともと血気盛んで夢にあふれた多くの若者たちを、ただの羊にするための教育だったのだ。

ソフトバンクの孫正義が、若くして成功したのは、アメリカの教育を受け、そういう日本の教育に染まらなかったからである。

いま、企業のトップといえども、大多数が戦後の教育を受けている。だから、彼らはサラリーマン社長としては誰よりも優秀で、その重責を大過なくこなすが、新しい事業を起こしたり、冒険を試みたりすることはほとんどないといっていいだろう。

同じことが、財界だけでなく、各界にいえる。政治家にも大物は出てこなくなったし、学者や文化人にも型破りな人は少ない。いま活躍している「型破り」な人はほとんど一九三〇年代前半ぐらいまでに生まれた人たちである。

日本人の間に、はびこっている安全主義――。自分自身で人生を切り拓いていかなければならない危険な道より、人がつくってくれた安全な道、確実な道を歩むという気持ちが、こういう傾向をつくり出しているのだと思う。

明治、大正期はそうではなかった。自分自身で人生を切り拓いていこうという信念があった。いま、日本の産業全体が伸び悩んでいるとしたら、創造性の欠如によって、新しい産業が生まれてこないことにある。

また、たとえ独創的なことをやろうとしても、それをまわりでつぶしにかかる。日本の諺《ことわざ》でいえば、「出る杭《くい》は打たれる」ということだ。

しかし、これでいいわけがない。

これからの世の中は、間違いなく「情報化社会」がさらに進んでいく。情報化社会というのは、個性を大変に要求される社会である。そんななかで、特色のないおとなしい羊でいると、きっとエサを食べそこなってしまう可能性も出てくるだろう。

そんな次の時代に備えて、一日も早く、「情熱と信念があれば何でもできる」という考え方を広めなければいけない。もちろん、子供たちにも小さいときからそうした夢と希望を教えなければならない時代に来ていると思うのだが、どうだろうか。

「人と同じことをしていれば安心だ」という発想から、「人と同じことをしていたのでは生き残れない」という考え方への変換、「大会社でやりたくないことをやる」のだったら、「小さな会社で自分のやりたいことをやる」への価値観の変化が、これから間違いなく起こる。

大会社に勤務していることで安心している人は危ない。自分ひとりになると仕事ができない、会社の名刺がなければ何の力も発揮できないというのでは、確実に取り残されてしまうのだ。いまからでも遅くないから、自分のやりたい夢を持つことが必要なのだ。

あなたは何のために生まれてきたのか。

本当にやりたいことは何なのか。

大人も子供も、いま自分自身に、真剣に問うてみる必要がある。そして、願望が見つかったら、それを実現しようとしてみる。

そのとき、きっと、自分が何のために生まれ、何のために生きているのかが、わかるにちがいない。あなたは自分の人生を満足して生きるために、生まれてきたのではないか。

時代は東アジアに移りつつある

日本は先の教育問題だけでなく、経済問題、政治問題でも、アメリカ一辺倒だったこれまでのツケがまわってきているような気がする。

バブルの崩壊とともに、日本の経済は壊滅状態に陥り、かつてないほどの銀行や生命保険会社の倒産、証券会社や百貨店の不祥事が次々と起こり、さらには外国人の流入によるさまざまな事件が新聞をにぎわしている。

また、犯罪はといえば、銃による殺人事件が激増し、精神鑑定を必要とするような犯罪者の猟奇事件も多発している。

企業内においても、リストラが進み、年功序列主義は完全に崩壊、また厚生省をはじめとした官僚の収賄、地方自治体の知事らによる職権濫用など、これまでの日本では考えられなかった、あるいは闇に隠されてきた事件が増えている。

これらは、一見、別々に起こっているように思われるが、私はそのすべてがひとつの源流からきていると思う。

それは、すべてアメリカに代表される「科学万能主義」が原因である。

たしかに、一九五〇年代からのアメリカは、世界で一番の強国であり、世界の政治・経済の中心であった。しかし、一九八〇年代の日米貿易摩擦問題で見るように、アメリカは経済的に苦境に立たされはじめた。

最近になってまた、アメリカはややドル高になり、一見、強いアメリカが立ち直ったように思われているが、なかはまさにガダガタの状態である。麻薬の常習者は四百万人、エイズは一向に衰えないし、銃による犯罪は減っていない。さらには十代の未婚の母も激増している。貧富の差は今後ますます広がっていくだろう。まさに内部から崩れる要因をはらんでいる。

そんなアメリカに追随してきた日本が、しだいに破綻《はたん》していくのは目に見えている。一九八〇年代から一九九〇年代初頭にかけて、日本が「ジャパン・アズ・ナンバーワン」と呼ばれた時代があったが、それもあっという間に終わり、いまや時代は中国、韓国、台湾、シンガポールなど東アジアの国々に移ろうとしている。

私はいまこそ、日本人はそれまで顧みることが少なかったそれらの国々を見習うべきだと思う。実際、東アジアの国々は現在、急速に発展している。私の予想では、大局的に見て、二〇一五〜二〇二〇年には完全にアメリカの時代は終焉《しゅうえん》を迎え、世界の主導権は東アジアに移ると見ている。

もともと、私の世界史観から見ると、日本人をはじめとした世界の人々は、ヨーロッパの文明をこれまで崇《あが》めすぎてきたように思えてならない。何から何まで、文明はヨーロッパから始まったとされ、欧米に追いつき追い越せと、まるでアジアはヨーロッパの歴史の後を追っているように教えられている。

ところが、それは大変な間違いなのである。日本人が崇めるギリシア文明はいまから二千五百年前のことであるが、西アジアであるメソポタミアの文明は六千年前。しっかりとした文明が生まれたのは、紀元前三五〇〇年だから、いまから五千五百年前ということになる。つまり、文明だけ見てヨーロッパと比較しても、アジアは歴史が古く、範囲もはるかに広いのだ。

たとえばキリスト教というと、西洋のものだと思われるが、実は西アジアであるパレスチナで発生したものだし、アルファベットも元はフェニキア（レバノン）だから、これも西アジア。さらに、チーズ、ワイン、ビール、パンなどもヨーロッパで生まれたものではなく、すべて西アジアからヨーロッパに入ったものだ。

紙や火薬、さらには大航海時代に欠かせなかった羅針盤は、周知のごとく中国で生まれたもので、イスラム商人によってヨーロッパに伝えられた。

これは私だけの説ではなく、二十世紀を代表するイギリスの歴史学者バラクラウは「文明における重要なものは、ほとんどアジアからヨーロッパに入ってきた」といっている。

さらに十八世紀の西欧最高の文化人であるボルテールもまた、一七五五年の『中国礼讃論』のなかで、重要なものはアジアからヨーロッパに来たということを書いている。

実際、生活文化を調べてみても、ヨーロッパのほうがはるかにアジアより遅れていたことがわかる。

たとえば、我々アジア人の祖先は農耕民族だったから、人々の糞尿《ふんにょう》を昔から作物の肥料として使った。だが、たとえば十八世紀前半までのパリの街は、家にトイレがなく、糞尿を無造作に道路に捨てるため、臭くてしかたがなかったといわれる。

また、アジア人たちは墓というものを理解していたため、かなり早い時代から個人の墓というものがあったが、ヨーロッパにはそうした習慣がなかったため、パリでは都市の中心部に大きな穴をあけ、そこに死体を入れていたという記録もある。

そうした不潔な生活環境から、ヨーロッパでは十二世紀から十八世紀初頭までペストが大流行した。それも、まだヨーロッパが文明化されていなかった証拠である。だから、西洋の時代（アメリカの時代を含めて）は、十八世紀後半以降であり、今日まで約二百五十年間のみである。

それなのに、日本人はアジア人でありながら、なぜか、ヨーロッパのほうが文明が進んでいると錯覚している。ヨーロッパが現在のようになったのは、十八世紀のイギリスの産業革命が一段落してからのことなのである。

一般に人間は百年、文明は千年が寿命といわれている。西欧の都市文明の起源は一一〇〇年頃であるから、もうヨーロッパ文明は完全に終わりに近づいていると見ることができる。

二十一世紀には、時代は間違いなく、東アジアへと移っていく。実際、日本、中国、韓国を先頭にシンガポール、タイ、マレーシアをはじめ、インドネシア、ベトナムまで含めた東アジアの経済圏は、いまや世界の経済の中心になりつつある。

経済も重要だが、そのときにもっと大事なことは、アジアの精神である。いろいろな過程を経て、いまアジアの精神が人間にとって一番重要だということが証明されるのである。

では、これからの時代にそれほど重要視される、アジアの精神とは何だろうか。

それは、西洋医学と東洋医学のちがいを見れば、よくわかる。

西洋医学の考えでは、病気になったら当然病院に行き、医者に診てもらう。しかし、医者がやるのは、機械による診察である。心電図、レントゲン、採血検査、血圧といった検査の結果、それに合った薬を飲んだり注射をすることによって、病気を治そうというものである。

病院に行った人ならよくわかると思うが、まさにデータ中心であって、それこそ医療設備がなければ、医者は役に立たない。機械が主役で、人間は従。そして、患者は実験材料にすぎない。しかも、薬は数かぎりなく与えられ、まさに薬漬けの患者も多い。

ところが、東洋医学はどうだろう。

基本的には、病は「気」から起こると考えている。

東洋思想では、「気」は宇宙からのエネルギーだとされている。宇宙から肉体に与えるこのエネルギーが弱くなると、人間の体に変調が起こるのが病気だというわけである。だから、気を整えれば病気は治ると考える。

つまり、東洋医学でいえば、病気を治すのは患者自身であって、決して機械や薬ではないということなのだ。

となれば、人間の持つさまざまな「不思議」に目を向けていけば、なぜ病気になるのかまでもわかってくるし、病気にならない方法も、自ら実践できる。

つまり、アジアの精神とは、あくまで人間が主体だということである。

このようなアジア的思想を見直し、これからは東アジアの時代だといっているのは、アジアの人たちばかりではない。アメリカやヨーロッパの人たちも口をそろえて、そういっているのだ。

それは、たしかに経済発展という側面もあるだろうが、それだけではない。人間がこれからの時代を生きていくにあたって、東洋的な思想が大切だということは西洋社会でもわかっているのだ。

ようやく、科学万能時代が終焉を告げ、人間の持っているものを大切にしなければならない時代がやってきたのではないだろうか。

「宇宙の心」によい種をまいていこう

では、大切にしなければならない、人間の持っているものとは、いったい何だろう。

それは、「心」である。

怒り、悲しみ、喜び、憎しみといった感情を含めて、機械には絶対にない心というものを人間は持っている。

しかも、その心＝意識には表層意識、潜在意識、さらには「宇宙の心」と呼ばれる広い意味の潜在意識があることは、何度も述べたとおりである。

前にもふれたが、このすべての人間に共通した潜在意識は、つねに思っていることがインプットされる、ある意味では恐ろしいところでもある。もし、あなたが世の中に不満を持っていて、いつも怒りを感じていると、その潜在意識の宇宙は、怒りや憎しみというものでいっぱいになってしまう。

これが、「宇宙の心」に悪い種をまくということである。

そうなると、悪い作用が潜在意識のなかで起こり、あなたのもとにブーメランのように戻ってきてしまう。

つまり、あなたがまいた悪い種がもとで、悪いことが現実に次々に起こるようになる。

もっと損をするのは、憎い相手に対しての恨みの「想い」を送りつづけたとき、相手の精神状態がしっかりとしていたりすると、その悪念は届かずに、自分にはね返ってくるということだ。

人を恨んで、憎みつづけて、結局は自分の精神が破壊されてしまう人がいるが、それはすべてそうした潜在意識が起こした現象である。

実際、妻の出産直後に夫が浮気をしていたことが判明し、怒り心頭に発した妻が、その激しい怒りの状態で赤ちゃんに母乳を与えたところ、その子が死亡してしまったという例もある。

これは、妻のはけ口のない怒りが潜在意識を伝わって、母乳のなかに猛毒をつくり、まだ何の免疫もない赤ちゃんの命をうばったのである。このように思いはすぐに物質化する。その毒は自分自身の体をむしばんでいくのだ。

こうしたことを考えると、人間の潜在意識、さらには「宇宙の心」に何をインプットすべきかが、いかに重要かわかってくると思う。

もっと広い意味でいえば、日本人が自分たちでまいた種によって、いまの日本は苦しんでいるように思える。さらに、日本が世界に対してよい種をまいているかというと、どうもそうは思えない。それは「自分さえよければいい」という考えが、個人にも国にもはびこっているからだ。

もっと明るく、平等で、人にやさしい種をまかなければ、本当の国際化はできないということを一日も早く知ってほしいと思う。

人に尽くすことが運命好転のカギ

他人に対して怒ったり、憎んだりする行為は「潜在意識」に悪い種をまくことと同じだということを述べたが、逆に、人に尽くすという行為は、運命を好転させるカギになる。

もしあなたが、ある人の幸せを本気で祈り、尽くすとしたら、その思いや行為はまっすぐに潜在意識を通して、宇宙の心にインプットされ、そのままあなたの運命にはね返ってくる。

ここに広池千九郎という人の例をあげて、説明しよう。

彼は九州の出身で、小学校しか出ていなかった。しかし、彼は独学で当時の師範学校卒業と同等の資格をとり、故郷で教師をしていた。

だが、向学心の強い彼は、このまま教師で終わりたくないと、京都に出て、職を転々としながら、四十七歳で東京大学の法学博士の資格をとったのである。

しかし、ここに悲劇が生まれた。

彼が待望の法学博士になったとき、彼の体はすでに治療不可能な病に侵されていた。まさに、彼の夢が実現した瞬間に、人生で最大の不幸が待ちかまえていたのである。彼は再起不能と医者に宣告された。生きていても、一生ベッドのなかである。

「せっかく苦労して、ここまでやってきたのに、何ということだ。この世には神も仏もいないのだ。自分は何も悪いことをしていないのに、どうして、こんな目にあわなければいけないのだ」

普通なら、そう怒り、悲しみ、すべて人生を放り投げてしまいたいと思うだろう。

しかし、彼はちがっていた。

「これまでの俺は、自分の出世ばかり考えてきたのではないだろうか」

「もし、これからたった一年でもいい。命が永らえたら、人のために尽くそう」

このように悟った彼は、ありとあらゆることを通して、できるかぎり人のために尽くそうと決心した。

すると、どうだろう。あれだけ治らないとされた病気も快癒に向かい、結局、それから二十年の間、教育慈善事業を続けることができたのである。

そして、彼の死後も、広池学園は、いまでも故人の遺志を継ぎ、業務は継続している。

この例で、あなたは何がわかるだろうか。

広池千九郎はまったく気がつかなかったかもしれないが、私には「人に尽くす!」という言霊の存在が見えてくる。

彼が病床で、自分の残り少ない命をすべて使ってでも、自分のこれまでを反省し、これからの夢を実現したいと思った瞬間、「人に尽くす!」という言霊のロケットが発射され、彼の潜在意識を通過して、「宇宙の心」へと向かい、自分とまわりの人々への幸福を持って、また戻ってきたのである。

こうした例は、いくつもある。

そしてあなたも、できたら人のために尽くしたい、人の役に立ちたいと、真剣に願うとよい。そう強く想うことによって、宇宙の心によい種をまくことになる。

そして結局は、自分が幸福になれるということを、私はここでいいたいのだ。

「言霊」は無限の力への入り口だ！

ここまで読んでいただいたみなさんは、自分も言霊によって願いをかなえられるのだと信じられるようになってきただろうか。

最後にひとつ、おもしろい話を聞かせよう。

ある貧乏な男が、何を思ったか、金持ちになった親友の家を十年ぶりに訪ねた。着ているものもボロで、頭はフケだらけ。いかにも、浮浪者然としていたが、

「おお、久しぶりじゃないか。よく来た、よく来た」

と、金持ちの親友は、わざわざ遠くからの彼の来訪を喜び、心から歓待した。

そして、素晴らしい酒と、いままでに味わったことのないおいしい料理に舌鼓を打った貧乏な男は、いい気持ちになって、そのまま寝込んでしまった。

ところが、その金持ちの親友はその夜、出張があることをすっかり忘れていた。

「あっ、いけない。もう約束の時間だ」

彼は、仕事の約束に気づき、出かけようとした。

だが、泥酔して眠り込んでいる貧乏な彼を、そのまま残しておくのがしのびなかった。

そこで、彼は、自分の家にあった一番高価な宝石を、彼の衣服に縫い込んでおいてあげた。それは貧しい彼なら、残りの人生を楽に暮らしていけるような高価な宝石だった。

貧乏な彼は、翌朝、目覚めたが、親友がいないのを見て、「ああ、あいつはまた仕事に行ったのか」と思い、黙って彼の家を出て、再び放浪の旅に出た。

それから数年たったある日、ふたりはまた町でバッタリと会った。

そのとき、相変わらず貧しい身なりをしている彼を見て、親友はいぶかしがりながら、彼にこういった。

「いったいどうしたんだよ。僕は君がこれから先、自分でやりたい仕事が十分できるように、宝石を君の服の襟に縫い込んでおいたんだよ。もう使ってしまったのかい？」

彼はあわてて、着たきりの汚らしい上着の襟のなかを捜すと、宝石が出てきた。

「これかい？」

「あっ、まだあるじゃないか」

「ああ、気がつかなかったよ」

これは『法華経《ほけきよう》』にある話をアレンジして書いたものである。

ここでいう親友というのは、「宇宙の心」のパワーのことである。一方、貧しい男というのが、私たち人間である。

そして、親友つまり宇宙の心のパワーが衣服に縫い込んだ高価な宝石というのが、実は「言霊」なのだ。

私たち人間は、自分のすぐ身近なところに言霊という宝物があるのにもかかわらず、それに気がつかずに、いつまでも貧しい気持ちで一生を旅している。

だから、この話はあなたのそばにある宝物の存在をいち早く知って、豊かな人生を送ってくれというメッセージなのだ。

ところが、この物語に象徴されているように、あなたは言霊の存在すら知らずに、さまざまな人生苦のなかでさまよっている。自分が無能だと思い込み、絶望したり、自分には何もできないと嘆いている。

これは明らかに間違いである。

あなたには無限の可能性がある。早くそのことに気がついて豊かな人生を送ろうというのが、この物語が本当にいいたいことなのである。

ひとりの人間の才能の有無は、そう簡単に判断をくだせるものではない。

学業が優秀であれば有能であるという考え方が間違っていたことを、多くの会社の人事課ではやっとわかってきた。だから、就職試験に大学名を書かないという会社すら生まれてきている。少しずつ流れは変わってきているのだ。

ましてや、一流大学を出たことと、人生の成功者になれるかどうかは、まったく関係がない。

また逆に、まわりがこぞって「あいつは無能だ」と決めつけても、その人すら気づかない才能が開花して、会社の危機を救ったという話もある。

人間の能力は、科学がどんなに進歩しても、そのすべてが明らかにされているわけではない。むしろ、未知の部分のほうが多いのである。

病気の人がいたら、「絶対に治る」と信じてほしい。

いま貧しい人がいたら、「必ず金持ちになる」と念じてほしい。

あなたに夢があったら、「きっと実現する」と想いつづけてほしい。

どんな人にも見かけだけでは気づかない秘められた才能が、まだ開発されずに眠っているのだ。

そして、その未知の能力を引き出すために、強い信念と努力によって、誰もが不可能と思い込んでいる大目標にあえて立ち向かっていってほしい。

それには、あなたが自分のなかに持っている言霊の存在に、まず自分自身で気がつくことなのである。

この本の冒頭を、もう一度読んでほしい。

そこには、こう書かれていたはずだ。

「成功者と呼ばれる人は、言葉の選び方を知っている」――と。

まさに、自分自身のなかに、言霊という宝石があることを知った人たちが、自分の夢をかなえ、人生を豊かにしているのである。

エピローグ

言霊の法則20

これまで5章にわたって、言霊が持つ無限のパワーとその活用法を、いろいろな例を盛り込みながら述べてきた。

最後に本書のまとめの意味を含めて、「言霊の法則」の重要ポイントを振り返っておこう。この20項目は、そのまま、あなたの願いを実現させるための大きなカギとなるにちがいない。

①誰もが平等に持っている「言葉」を意識する

心のなかにカセット・テープがセットされていると想像して、そのテープに向かって、つねに自分の「願い」を口にし、ムダ口や無意識に発せられている大量の「言葉」に細心の注意を払う。

これは言葉というものに対して、意識を向けるための最初の訓練であり、自分の信念を固めるための準備段階にもなる。

②潜在意識の存在に気づく

人間の意識には、五感で判断する「顕在意識」と、表面には表れてこない「潜在意識」があり、その潜在意識の奥に、人類すべてに共通した潜在意識、つまり「宇宙の心」が存在する。

この「宇宙の心」には、現実の世界で起こるものすべての原形があり、そこに奇蹟を生み出す宇宙パワーが存在する。この「宇宙の心」にマイナスのイメージを与えれば、マイナスの結果が生まれ、プラスのイメージを刻印すれば、プラスのことが起こる。

つまり、この「宇宙の心」に何をどう働きかけるかによって、我々の願いがかなうかどうかが決まる。

③自分には思ったことを実現できるパワーがあることを信じる

失敗するのではないかと思うと失敗する。大事な席で不手際を起こさないよう必要以上に意識すると、不手際が起きる。怖がると、こうなったら困るということが必ず起こる。

これは、考え方を変えると、自分が思ったとおりのことが起こっているということ。

つまり、人間には思ったことを実現するパワーがあるという証明でもある。したがって仕事がうまくいくと信じれば、必ずうまくいくし、失敗しないと思えば成功する。こうなればいいと強く思えば、その思ったとおりになる。

人間の行動は「意識」なくして、何もできないものなのである。

④日常からマイナスの言葉を消す

日頃から「自分はダメだ」「能力がない」といつも思っていると、それは宇宙の心にインプットされ、予想どおりの障害が起き、思ったとおりの「ダメ人間」になる。

逆に、「絶対に負けない。やるんだ、やってみせる」という言葉をいつも自分にいい聞かせていると、それが同じように宇宙の心にインプットされ、たとえ困難なことがあっても、援助してくれる人が現れたり、必要な情報が集まったりして、仕事がうまくいく。

成功者はすべて、この言葉の選び方を知っている。

⑤言葉に信念を込めて「言霊」をつくる

ただ願いの言葉を漠然と唱えるだけでは、「宇宙の心」に響かない。

言葉を「言霊」に変える必要がある。それには、願いの言葉に信念を込めなければいけない。子供の大手術の成功を祈る母の願いが通じたりするのは、その言葉に自分の命に代えても子供を助けたい、という熱い信念が込められているからである。

言葉に信念がこもって、初めて「言霊」になり、それが「宇宙の心」に影響を与え、奇蹟を引き起こすのである。

⑥理性と常識を捨ててみる

貧乏な人が明日、突然、金持ちになることはない。だからといって、コツコツ貯めていけば、大富豪になれるかといったら、どんな計算をしたところで、金がそれほど貯まるわけがない。

それなら、貧乏人は大富豪になれないかというと、そんなことはない。多くの大富豪はみんな最初は貧乏だった。

では彼らはどうして、大富豪になったのか。理性や常識をいったん捨てたからだ。「絶対、大富豪になる」という信念を「言霊」にして、「宇宙の心」に刻印をしたのである。理性を捨ててこそ、初めて願望はかなうのである。

⑦悪条件は信念を育てるチャンスだと考える

多くの成功者の例を見ると、不思議にどん底の生活から這《は》い上がった人たちばかりである。それは、彼らが不屈の闘志とハングリー精神の持ち主だったことを証明している。

世間からいじめられ、叩かれた人ほど、医者から匙《さじ》を投げられた病人ほど、切実な願いや強い信念が生まれ、そこから言葉が「言霊」に変化する。

つまり、ピンチのときこそ、奇蹟が生まれるチャンスなのである。

⑧自らを背水の陣へと追い込む

願いがかなうためには、まず自分の夢を大きく持たなければならない。

そのためには、多くの人に自分の夢を語るのもいい方法である。語ってしまったことによって、自分は絶対にそれを実現しなければならなくなる。

いわば、自らを背水の陣へと追い込み、そこから夢の実現を始めるのだ。そうなればそれまで単なる願いであった「言葉」も、強い信念を持つことによって、「言霊」へと変化していく。

「俺は大金持ちになるんだ！」といいつづけ、それに向かって必死の努力を続けていれば、最初は笑われるが、必ず自己実現する。

もちろん、口だけだったら、「ほら吹き」といわれてもやむをえないが。

⑨NeedよりWantを大切にする

自分の願いが漠然としていたら、成功は呼び込めない。

自分の願いをはっきりとさせるためには、とにかくやってみたいこと、好きなことをとことんやってみることだ。人間はやりたいことを十分にやっていれば、人生に満足感や充足感が生まれる。

そして、それが自分にとって本当の欲望であるということがわかる。しなくてはいけない（Ｎｅｅｄ）ことよりも、やりたくてしかたがない（Ｗａｎｔ）ことを大切にすることが、成功の第一歩である。

⑩「言霊方程式」をマスターする

熱意＋信念＝想いの強さ

想いの強さ×時間＝言霊

熱意というのは、自分の夢をかなえたいという願望。これは0～30点。

信念は、どんな困難にも打ち勝つ勇気が必要。これにはマイナス30点からプラス100点まで与えられる。

そうした熱意と信念に培われた想いが言霊になるには、時間が必要なのだ。

つまり、「なんとしても成功してみせる」という想いをどのくらいの年月、持ちつづけられるか、それによって言霊が生まれるかどうかが決まる。

そして、ここで生まれた言霊が「宇宙の心」のなかにロケットとして飛んでいき、成功を運んでくるのである。

⑪「どうせ人間」から「どうしても人間」へ

世の中には、たとえ夢があっても、少し困難なことがあるとすぐにあきらめてしまう人がいる。そういう人に、元気を促すと、決まって「どうせ俺なんか……」と口癖のようにいう。こういう人は、絶対に言霊はつくれないし、奇蹟など絶対に起きない。

同じ困難に出合っても、「どうせダメだと思ったよ」とあきらめる人と、「どうしても、やりとげなけりゃいけない」という人とでは、長い人生では大きな差が生まれる。

たったひと言のちがいだが、「どうせ」を「どうしても」にいい換えることは大切な問題である。

⑫眠る十分前に願いを込める

睡眠中に意識はすべてなくなってしまうのではない。

たとえあなたが熟睡している間でも、潜在意識は活発に動いているし、「宇宙の心」もまた同様である。いい方を換えれば、眠っていることによって、表面の意識はなくなっている分、潜在意識が自由に活動を始めるのである。

だから、潜在意識に訴える願いは、寝る十分前の「言葉」で決まる。

「明日どうしよう」と思って不安になって寝た人は、恐怖を抱いて寝たようなものだし、希望を持って寝れば、潜在意識に新しいエネルギーが生まれて、明日の活力にもなる。

ぜひ、寝る前に、願いを込めることをお勧めする。

「絶対、この仕事は成功させる」

そう願って熟睡すると、睡眠中、夢のなかに仕事のヒントが生まれるかもしれない。

⑬自分の願望を表に書く

自分の願いを実現したかったら、計画表をつくる。

その願望は、できるだけ細かく整理して、実現の可能性の高い順に、短期・中期・長期の三種類に分けて、設定する。

短期というのは、できるだけ近い将来に実現したいこと。

長期というのは、いつの日にか実現したいと思っていることである。

短期というのはすぐに結果を出そうとしている願いだから、その分強く念じなければならないし、長期というのは、一回の強さはそれほどでなくても、長い期間継続していくことが必要だ。

どちらにしても、同じように言霊も強くなるというわけである。

⑭心を洗う読書をする

困難にぶつかると、どうしても人はめげてしまったり、楽なほうに逃げようとする。そんなとき、励ましてくれるのが本である。毎日の生活で汚れ、傷ついた心にシャワーをかけ、心を洗うのが読書だと思えばいい。

そうした希望を与えてくれるような本を、初心者なら一日三十分でいいし、なれた人なら、通勤途中でも、昼休みでも五分ずつでもいいからページをめくってみることだ。

特に、潜在意識に必ず影響を与えるような本を読めば、あなたの信念はより強くなるだろう。

⑮感動ノートをつくる

潜在意識に刺激を与えてくれるようないい本を読みはじめると、必ず素晴らしい言葉に出合う。

そうした感動に出合ったとき、必ずアンダーラインを引き、セレクトしてノートにその言葉を書き写しておこう。ただし、ノートはいつでも持ち運べるような小さな手帳サイズが好ましい。

そして、一日に一行か二行書き写していくと、一週間で一ページになる。これを一年続けていけば、一冊の感動ノートが誕生する。こうしてできたノートを、電車のなかや昼休みに五分読むだけで、効果はてきめんである。

⑯願いを見えるところに貼る

願いを絶えず口に出すことは必要だが、その言葉を紙に書いて、いつでも見えるところに貼っておくことも大切である。

一回チラッと見るだけでも、一日、それが見えるところにいれば数時間見たことになる。それが毎日であれば、一年に何カ月も見つづけたことにもなる。

そうした積もり重なった想いによって、壁に貼られた言葉が「言霊」に変わり、それによって夢がかなう可能性が高まるのである。

⑰願いはできるだけ短い言葉にする

願いを「言霊」にしたかったら、できるだけ短く、はっきりとした言葉にする。

たとえば、「年収を倍増したい」というのだったら、「年収一千万！」としたほうが願いがはっきりするし、リズムがとりやすい。

「立身出世」「独立成功」「病気全快」などもよいが、できれば数字や具体的な単語を明示することである。

⑱すでに夢がかなったことを想像する

熱意と信念が生まれてきたら、仕事の成功や発展を願う場合、それが達成された場面を鮮明に思い浮かべることでより実現を早めることができる。

たとえば脱サラをして独立し、年商百億円の社長になりたかったら、すでに自分の夢がかなった姿を想像し、秘書にスケジュールの確認をしたり、ベンツに乗っている自分を想像したりする。

そのことが、「宇宙の心」にインプットされると同時に、実はそれは実際のシミュレーションを行っていることにもつながり、それだけ実現が早くなるからである。

⑲人の幸せを念じ、人に尽くす

他人に対して怒ったり、憎んだりする行為は「潜在意識」に悪い種をまくことと同じである。逆に、人に尽くすという行為は、運命を好転させるカギになる。

もしあなたが、ある人の幸せを本気で祈り、尽くすとしたら、その行為はまっすぐに潜在意識を通して、宇宙の心にインプットされ、そのままあなたの運命にはね返ってくるのだ。

「人のために尽くしたい」という言霊が、宇宙の心に届いたら、間違いなくあなたは幸せになれる。

⑳「言霊」は無限の力の入り口だと知る

多くの人たちは、「言霊」の存在すら知らずに、さまざまな人生苦のなかでさまよっている。自分は無能だと思い込み、絶望を繰り返したり、自分には何もできないと嘆いている。

これは明らかに間違いである。

人には無限の可能性がある。早く、それに気がついてほしい。

病気の人がいたら、「絶対に治る」と信じてほしい。

貧しい人がいたら、「必ず金持ちになる」と念じてほしい。

夢を失いそうな人がいたら、「きっと夢は実現する」と想いつづけてほしい。

あなたは、「言霊」という素晴らしい宝石を身につけているのだから……。

単行本　一九九七年八月　サンマーク出版刊。
本文中の肩書き、データなどは、刊行当時のものです。

謝 世輝（しゃ せいき）

一九二九年、台湾に生まれる。五三年台湾大学物理学部卒業後、五九年名古屋大学大学院での素粒子の研究で博士号を取得、理学博士となる。

その後、ヨーロッパ偏重の科学史観に疑問をもち、科学史・科学技術史研究を経て、世界史・文明史・文化史研究へ転ずる。

相模工業大学教授、東海大学教授を経て、現在、歴史学者・文明評論家として新しい世界史観を構築し、執筆や講演に幅広く活躍中。

また、宗教や超心理学にも造詣が深く、米国のニューソート思想に基づく人生論の著作にもファンが多い。

著書は、『世界史の変革』（吉川弘文館）、『信念の魔術』（KKロングセラーズ）、『マーフィーの成功法則』（三笠書房）など多数。

サンマーク文庫

言霊の法則

二〇〇一年十月一日 初版発行
二〇〇七年九月十日 第十刷発行

著　者　謝　世輝
発行人　植木宣隆
発行所　株式会社 サンマーク出版
東京都新宿区高田馬場二-一六-一一
（電）〇三-五二七二-三一六六
印刷　共同印刷株式会社
製本　㈱若林製本工場

ISBN978-4-7631-8136-7 C0130
ホームページ　http://www.sunmark.co.jp
携帯サイト　http://www.sunmark.jp

サンマーク文庫
本田 健の本

幸せな小金持ちへの8つのステップ

～人生の〝宝探しの地図〟がここにある～

本田 健

ベストセラー、待望の文庫化！「幸せな小金持ち」とは、自分の大好きなことを仕事とし、豊かになった人たちのこと。それがどんな世界で、どうすればそこへ行けるのかが、本書を読めばわかります。お金と上手につきあうための精神的・技術的アドバイスが満載。

●文庫判　定価＝本体５４３円＋税

サンマーク文庫　**本田 健の本**

「ライフワーク」で豊かに生きる

～幸せな小金持ち的〝天職〟の見つけ方～

本田 健

「幸せな小金持ち」シリーズ第3弾、待望の文庫化！
成功した経営者や幸せな小金持ちに共通する「生まれ変わってもやりたいこと＝ライフワーク」をテーマに、楽しくかつ豊かに、自分らしく生きる方法とその心構えを説きます。仕事を通して幸せになりたい人、必見。

●文庫判　定価＝本体５５２円＋税

サンマーク文庫 話題のベストセラー

ゆるすということ

もう、過去にはとらわれない

ジェラルド・G・ジャンポルスキー 著
大内 博 訳

「ゆるすとはどういうことか、身にしみてわかる瞬間があります。そんなとき、ゆるしは自由と幸せと希望をもたらすものだと実感します」――。世界的に有名な精神医学者ジャンポルスキー氏が説く安らぎの書。「ゆるせない」人間の心の扉をノックする永遠のベストセラー。

●文庫判 定価＝本体五〇五円＋税